吉林全書

著述編

⑧

吉林文史出版社

圖書在版編目（CIP）數據

徐鼐霖集 / (清) 徐鼐霖著 . -- 長春 : 吉林文史出版社 , 2024. 12. -- (吉林全書). -- ISBN 978-7-5752-0831-4

Ⅰ . Z429.52

中國國家版本館 CIP 數據核字第 2024JT7292 號

XU NAILIN JI

徐鼐霖集

著　　者　[清] 徐鼐霖
出 版 人　張　强
責任編輯　王　非　高冰若
封面設計　溯成設計工作室
出版發行　吉林文史出版社
地　　址　長春市福祉大路5788號
郵　　編　130117
電　　話　0431-81629356
印　　刷　吉林省吉廣國際廣告股份有限公司
印　　張　21.75
字　　數　98千字
開　　本　787mm × 1092mm　1/16
版　　次　2024年12月第1版
印　　次　2024年12月第1次印刷
書　　號　ISBN 978-7-5752-0831-4
定　　價　110.00圓

《吉林全書》編纂委員會

總主編　曹路寶

著述編主編　胡維革　李德山　劉立强

《吉林全書》學術顧問委員會

學術顧問（按姓氏音序排列）

邴　正　陳紅彦　程章燦　杜澤遜　關樹東　黄愛平　黄顯功　江慶柏
姜偉東　姜小青　李花子　李書源　李　岩　李治亭　厲　聲　劉厚生
劉文鵬　全　勤　王　鍔　韋　力　姚伯岳　衣長春　張福有　張志清

總序

『長白雄東北，嵯峨俯塞州。』吉林省地處中國東北中心區域，是中華民族世代生存融合的重要地域，素有『白山松水』之地的美譽。歷史上，華夏、濊貊、肅慎和東胡族系先民很早就在這片土地上繁衍生息，高句麗、渤海國等中國東北少數民族政權在白山松水間長期存在，以契丹族、女真族、蒙古族、滿族融合漢族在内的多民族形成的遼、金、元、清四個朝代，共同賦予吉林歷史文化悠久獨特的優勢和魅力，決定了吉林文化不可替代的特色與價值，具有緊密呼應中華文化整體而又與衆不同的生命力量，見證了中華民族共同體的融鑄和我國統一多民族國家的形成與發展。

提到吉林，自古多以千里冰封的寒冷氣候爲人所知，一度是中原人士望而生畏的苦寒之地，一派肅殺之氣。再加上吉林文化在自身發展過程中存在着多次斷裂，致使衆多文獻湮没、典籍無徵，一時多少歷史文化精粹『明珠蒙塵』，因此，形成了一種吉林缺少歷史積澱，文化不若中原地區那般繁盛的偏見。實際上，在數千年的漫長歲月中，吉林大地上從未停止過文化創造，自青銅文明起，從先秦到秦漢，再到隋唐直至明清，吉林地區不僅文化上不輸中原地區，還對中華文化産生了深遠的影響，爲後人留下了衆多優秀古籍，涵養着吉林文化的根脉，猶如璀璨星辰，在歷史的浩瀚星空中閃耀着奪目光輝，標注着地方記憶的傳承與中華文明的賡續。我們需要站在新的歷史高度，用另一種眼光去重新審視吉林文化的深邃與廣闊，通過豐富的歷史文獻典籍去閱讀吉林文化的傳奇與輝煌。

吉林歷史文獻典籍之豐富，源自其歷代先民的興衰更替、生生不息。吉林文化是一個博大精深的體系，從左家山文化的『中華第一龍』，到西團山文化的青銅時代遺址，再到二龍湖遺址的燕國邊城，都見證了吉林大地的文明在中國歷史長河中的肆意奔流。早在兩千餘年前，高句麗人的《黄鳥歌》《人參贊》以及《留記》等文史作品就已在吉林誕生，成爲吉林地區文學和歷史作品的早期代表作。高句麗文人之《新集》，渤海國人『疆理雖重海，車書本一家』之詩篇，金代海陵王詩詞中的『一咏一吟，冠絶當時』，再到金代文學的『華實相扶，骨力遒上』，皆凸顯出吉林不遜文教、獨具風雅之本色。

吉林歷史文獻典籍之豐富，源自其地勢四達并流、山水環繞。吉林土地遼闊而肥沃，山河壯美而令人神往，吉林大地可耕可牧、可漁可獵，無門庭之限，亦無山河之隔，進出便捷，四通八達。沈兆禔在《吉林紀事詩》中寫道，『肅慎先徵孔氏書』，印證了東北邊疆與中原交往之久遠。早在夏代，居住於長白山脚下的肅慎族就與中原建立了聯係。一部《吉林通志》，『考四千年之沿革，挈領提綱；綜五千里之方輿，辨方正位』，從時間和空間兩個維度，寫盡吉林文化之淵源深長。

吉林歷史文獻典籍之豐富，源自其民風剛勁、民俗絢麗。《長白徵存録》寫道，『日在深山大澤之中，伍鹿豕、耦虎豹，非素嫻技藝，無以自衛』，描繪了吉林民風的剛勁無畏，爲吉林文化平添了幾分豪放之感。清代藏書家張金吾也在《金文最》中評議，『知北地之堅强，絶勝江南之柔弱』，足可見，吉林大地與生俱來的豪健英杰之氣。同時，與中原文化的交流互通，也使邊疆民俗與中原民俗相互影響、不斷融合，既體現出敢於拼搏、鋭意進取的開拓精神，又兼具脚踏實地、穩中求實的堅韌品格。

吉林歷史文獻典籍之豐富，源自其諸多名人志士、文化先賢。自古以來，吉林就是文化的交流彙聚之地，從遼、金、元到明、清，每一個時代的文人墨客都在這片土地留下了濃墨重彩的文化印記。特别是，清代東北流人的私塾和詩社，爲吉林注入了新的文化血液，用中原的文化因素教化和影響了東北的人文氣質和文化形態；至近代以『吉林三杰』宋小濂、徐鼐霖、成多禄爲代表的地方名賢，以及寓居吉林的吴大澂、金毓黻、劉建封等文化名家，將吉林文化提升到了一個全新的高度，他們的思想、詩歌、書法作品中無一不體現着吉林大地粗狂豪放、質樸豪爽的民族氣質和品格，滋養了孜孜矻矻的歷代後人。

盛世修典，以文化人，是中華民族延續至今的優良傳統。我們在歷史文獻典籍中尋找探究有價值、有意義的歷史文化遺產，於無聲中見證了中華文明的傳承與發展。吉林省歷來重視地方古籍與檔案文獻的整理出版。自二十世紀八十年代以來，李澍田教授組織編撰的《長白叢書》，開啓了系統性整理、組織化研究吉林文獻典籍的先河，贏得了『北有長白，南有嶺南』的美譽；進入新時代以來，鄭毅教授主編的《長白文庫》叢書，繼續肩負了保護、整理吉林地方傳統文化典籍，弘揚民族精神的歷史使命，從大文化的角度折射出吉林文化的繽紛异彩。隨着《中國東北史》和《吉林通史》等一大批歷史文化學術著作的問世，形成了獨具吉林特色的歷史文化研究學術體系和話語體系，對融通古今、賡續文脉發揮了十分重要的作用。正是擁有一代又一代富有鄉邦情懷的吉林文化人的辛勤付出和豐碩成果，使我們具備了進一步完整呈現吉林歷史文化發展全貌，淬煉吉林地域文化之魂的堅實基礎和堅定信心。

當前，吉林振興發展正處在滚石上山、爬坡過坎的關鍵時期，機遇與挑戰并存，困難與希望同在。站在這樣的歷史節點，迫切需要我們堅持高度的歷史自覺和人文情懷，以文獻典籍爲載體，全方位梳理和展示吉林政治、經濟、社會、文化發展的歷史脉絡，讓更多人瞭解吉林歷史文化的厚度和深度，感受這片土地獨有的文化基因和精神氣質。

鑒於此，吉林省委、省政府作出了實施《吉林全書》編纂文化傳承工程的重大文化戰略部署，這不僅是深入學習貫徹習近平文化思想、認真落實黨中央關於推進新時代古籍工作要求的務實之舉，也是推進吉林優秀傳統文化保護傳承、建設文化强省的重要舉措。歷史文獻典籍是中華文明歷經滄桑留下的最寶貴的東西，是吉林優秀歷史文化『物』的載體，彙聚了古人思想的寶藏、先賢智慧的結晶。對歷史最好的繼承，就是創造新的歷史。傳承延續好這些寶貴的民族記憶，就是要通過深入挖掘古籍蘊含的哲學思想、人文精神、價值理念、道德規範，推動中華優秀傳統文化創造性轉化、創新性發展，作用于當下以及未來的經濟社會發展，更好地用歷史映照現實、遠觀未來。這是我們這代人的使命，也是歷史和時代的要求。

從《長白叢書》的分散收集，到《長白文庫》的萃取收録，再到《吉林全書》的全面整理，以歷史原貌和文化全景的角度，進一步闡釋了吉林地方文明在中華文明多元一體進程中的地位作用，講述了吉林人民在不同歷史階段爲全國政治、經濟、文化繁榮所作的突出貢獻，勾勒出吉林文化的質實貞剛和吉林精神的雄健磊落、慷慨激昂，引導全省廣大幹部群衆更好地瞭解歷史、瞭解吉林，挺起文化脊梁、樹立文化自信，不斷增强砥礪奮進的恒心、韌勁和定力，持續激發創新創造活力，提振幹事創業的精氣神，爲吉林高品質發展明顯進位、全面振興取得新突破提供有力文化支撑，彙聚强大精神力量。

爲扎實推進《吉林全書》編纂文化傳承工程，我們組建了以吉林東北亞出版傳媒集團爲主體，涵蓋高等院校、研究院所、新聞出版、圖書館、博物館等多個領域專業人員的《吉林全書》編纂委員會，并吸收國内知名清史、民族史、遼金史、東北史、古典文獻學、古籍保護、數字技術等領域專家學者組成顧問委員會，經過認真調研、反復論證，形成了《〈吉林全書〉編纂文化傳承工程實施方案》，確定了『收集要全、整理要細、研究要深、出版要精』的工作原則，明確提出在編纂過程中不選編、不新創，尊重原本、致力全編，力求全方位展現吉林文化的多元性和完整性。在做好充分準備的基礎上，《吉林全書》編纂文化傳承工程於二〇二四年五月正式啓動。

爲高質量完成編纂工作，編委會對吉林古籍文獻進行了空前的彙集，廣泛聯絡國内衆多館藏單位，尋訪民間收藏人士，重點以吉林省方志館、東北師範大學圖書館、長春師範大學圖書館、吉林省社科院爲收集源頭開展了全面的挖掘、整理和集納；同時，還與國家圖書館、上海圖書館、南京圖書館、遼寧省圖書館、吉林省圖書館、吉林市圖書館等館藏單位及各地藏書家進行對接洽談，獲取了充分而精准的文獻信息。同時，專家學者們也通過各界友人廣徵稀見，在法國國家圖書館、日本國立國會圖書館、韓國國立中央圖書館等海外館藏機構搜集到諸多珍貴文獻。在此基礎上，我們以審慎的態度對收集的書目進行甄別、分類、整理和研究，形成了擬收録的典藏文獻名録，分爲著述編、史料編、雜集編和特編四個類别。此次編纂工程不同於以往之處，在於充分考慮吉林的地理位置和歷史變遷，將散落海内外的日文、朝鮮文、俄文、英文等不同文字的相關文獻典籍一并集納收録，并以原文搭配譯文的形式收於特編之中。截至目前，我們已陸續對一批底本最善、價值較高的珍稀古籍進行影印出版，爲館藏單位、科研機構、高校院所以及歷史文化研究者、愛好者提供參考和借鑒。

『周雖舊邦，其命維新』，文獻典籍最重要的價值在於活化利用。編纂《吉林全書》并不意味着把古籍束之高閣，而是要在『整理古籍、複印古書』的基礎上，加强對歷史文化發展脉絡的前後貫通、左右印證，更好地服務於對吉林歷史文化的深入挖掘研究。爲此，我們同步啓動實施了『吉林文脉傳承工程』，旨在通過『研究古籍、出版新書』，讓相關學術研究成果以新編新創的形式著述出版，借助歷史智慧和文化滋養，通過創造性轉化、創新性發展，探尋當前和未來的發展之路，以守正創新的正氣和鋭氣，賡續歷史文脉、譜寫當代華章。

做好《吉林全書》編纂文化傳承工程是一項『汲古潤今，澤惠後世』的文化事業，責任重大、使命光榮。我們將秉持敬畏歷史、敬畏文化之心，以精益求精、止於至善的工作信念，上下求索、耕耘不輟，爲實現文化種子『藏之名山，傳之後世』的美好願景作出貢獻。

《吉林全書》編纂委員會

二〇二四年十二月

凡例

一、《吉林全書》（以下簡稱《全書》）旨在全面系統收集整理和保護利用吉林歷史文獻典籍，傳播弘揚吉林歷史文化，推動中華優秀傳統文化傳承發展。

二、《全書》收録文獻地域範圍，首先依據吉林省當前行政區劃，然後上溯至清代吉林將軍、寧古塔將軍所轄區域内的各類文獻。

三、《全書》收録文獻的時間範圍，分爲三個歷史時段，即一九一一年以前，一九一二至一九四九年，一九四九年以後。每個歷史時段的收録原則不同，即一九一一年以前的重要歷史文獻，收集要『全』；一九一二至一九四九年間的重要典籍文獻，收集要『精』；一九四九年以後的著述豐富多彩，收集要『精益求精』。

四、《全書》所收文獻以『吉林』爲核心，着重收録歷代吉林籍作者的代表性著述，流寓吉林的學人著述，以及其他以吉林爲研究對象的專門著述。

五、《全書》立足於已有文獻典籍的梳理、研究，不新編、新著、新創。出版方式是重印、重刻。

六、《全書》按收録文獻内容，分爲著述編、史料編、雜集編和特編四類。

著述編收録吉林籍官員、學者、文人的代表性著作，亦包括非吉林籍人士流寓吉林期間創作的著作。作品主要爲個人文集，如詩集、文集、詞集、書畫集等。

史料編以歷史時間爲軸，收録一九四九年以前的歷史檔案、史料、著述，包含吉林的考古、歷史、地理資料等；收録吉林歷代方志，包括省志、府縣志、專志、鄉村村約、碑銘格言、家訓家譜等。

雜集編收録關於吉林的政治、經濟、文化、教育、社會生活、人物典故、風物人情的著述。

特編收録就吉林特定選題而研究編著的特殊體例形式的著述。重點研究認定『滿鐵』文史研究資料和東北亞各民族不同語言文字的典籍等。關於特殊歷史時期，比如，東北淪陷時期日本人以日文編寫的『滿鐵』資料作爲專題進行研究，以書目形式留存，或進行數字化處理。開展對滿文、蒙古文，高句麗史、渤海史、遼金史的研究，對國外研究東北地區史和高句麗史、渤海史、遼金史的研究成果，先作爲資料留存。

七、《全書》出版形式以影印爲主，影印古籍的字體版式與文獻底本基本保持一致。

八、《全書》整體設計以正十六開開本爲主，對於部分特殊内容，如，考古資料等書籍采用一比一的比例還原呈現。

九、《全書》影印文獻每種均撰寫提要或出版説明，介紹作者生平、文獻内容、版本源流、文獻價值等情况。影印底本原有批校、題跋、印鑒等，均予保留。底本有漫漶不清或缺頁者，酌情予以配補。

十、《全書》所收文獻根據篇幅編排分册，篇幅適中者單獨成册，篇幅較大者分爲序號相連的若干册，篇幅較小者按類型相近或著作歸屬原則數種合編一册。數種文獻合編一册以及一種文獻分成若干册的，頁碼均單排。若一本書中收録兩種及以上的文獻，將設置目録。各册按所在各編下屬細類及全書編目順序編排序號，全書總序號則根據出版時間的先後順序排列。

徐鼒霖集

［清］徐鼒霖 著

提要

徐鼐霖（一八六五至一九四〇），清末民初人，原名徐立堃，字元明、敬宜、鏡芹（鏡岑），晚號『憩園』。吉林永吉尚禮人（今屬九臺市）。『吉林三杰』之一。光緒二十四年（一八九八）投效奉天將軍伊克唐阿幕府。不久，入黑龍江將軍程德全幕府。後任東三省總督署禮科兼學科參事、興東兵備道、哈爾濱鐵路交涉局幫辦、屯墾督辦、黑龍江巡防第二統領、黑龍江都督府參謀長等職。辛亥革命後，任民政長兼參謀長。一九一九年十一月，任吉林省省長。一九二〇年九月去職。後任徐世昌大總統府顧問。一九二七年，出任永吉縣志總裁辦事處總裁，編纂《永吉縣志》。本書共收録著述四種：

一、《憩園詩草》：詩集，係從一九四一年《永吉縣志·藝文志四·憩園詩草》中輯出。

二、《籌邊芻言》：論述了列强與中國之關係，爲後人瞭解和研究蒙藏地區的歷史、地理外交等方面提供了豐富的資料。民國初年鉛印本。

三、《吉林先哲題名碑》，又名《吉林先哲祠題名記》：一九二八年，徐鼐霖與在京吉林人士，就廠橋額勒登保祠舊址捐資修建吉林先哲祠，祀額勒登保以下有勛勞於國家和有功德於社會之吉林先哲十三人。

四、《永吉徐氏宗譜》（共四卷）：徐鼐霖繼其父徐廷璇于光緒二十五年（一八九九）修譜之後於一九二九年補訂。一九三〇年刻本。

爲盡可能保存古籍底本原貌，本書做影印出版，因此，書中個別特定歷史背景下的作者觀點及表述内容，不代表編者的學術觀點和編纂原則。

目録

憩園詩草

甜園詩草

徐鼒霖

簡成竹山

少小論交已卅年，相期道義老尤堅。盟深車笠心如石，義薄雲霄月在天。憐我家貧曾指囷，羡君官好不名錢。（知綏化府，兩袖清風。）綏陽婦孺知何似，召杜謳歌日萬千。

餞春（分韻得小字）

春風昨夜多，春花今日少。又是餞春時，流光催去鳥。鼙鼓動漁陽，尋聲來樹杪。杯盤狼籍中，東皇跡已杳。誤我踏青期，不知幾昏曉。何時登西山，一覽燕京小。

巡邊有感

大江東去水聲寒有約中分挽救難偶展輿圖尋舊界內興安外外興安

塞外秋高馬正嘶江邊蘆老雁飛低祗今破浪乘風去黑水東流曉月西

登舟有感由興東溯江而上

檢點征衣作壯遊舟行獵獵滿江秋當年誰把鴻溝劃半壁河山一紙休咸豐八年約黑龍江中流爲界

津門于役有感

僑寓長安年復年心情時事兩茫然王通獻策空憂國李廣無侯欲問天破碎河山來眼底縱橫戈甲起樽前桃源何處身何寄刼運沈沈遍大千

京洛浮沉不計年吾謀適用亦徒然朱三稱帝亡由子鄭五登朝數有天功狗弗爲雙鬢老聞雞起舞一鐙前銅駝尚在荆蓁滿漫道阿房落萬千

秋林試馬

萬木無聲捲塵霧下有砥矢平平路繁華謝盡原野空一鞭遙騁夕陽中夕陽西下豺狼叫四山風哭飢鴟笑振鬣

追風四足輕如此神駿千人驚野鶻盤空弓忽鳴臂縧振
起海東青矯首長林勢千里廻看千陸烽煙起

過山海關

秦城萬里鑠邊壘屹立雄關碣石傍蘇恬有才增壁壘李
馮抒策掃欃槍零星戰骨經霜白夾路征塵野草黄大好
川原一悵望半天明月滿山陽

和張髯南岡雜詠八首步元韻

持節蘇卿久牧羊歸來兩鬢已如霜何如種菊學元亮秋
圃花開鬭晚黄

雅愛題詩掃石苔隔江春色一帆開年來識得林泉趣頻
著漁簑上釣臺

赤幟黃巾舉世嘩無端私產入官衙女娃未識江南苦猶
自蹁躚舞晚霞是日看跳舞

布政由來德務滋而今展手亦參差小園春雨茆亭下忍
讀醫瘡剜肉詩

西山幽靜草堂深潛廬在西山舉酒銷愁復自吟回首松花江
上路白雲一片動鄉心

楊柳依依傍故宮馬龍車水禁門通二三遺老談隆慶猶

記衣冠過闕東清制凡覲見者均入東華門

小鬟低唱淡粧梳馬市橋頭月上初順邸在馬市橋右馬萬骨雖枯徵調亟髯蘇徒代諫兵書

乍宿潛廬又甜園羣兒夜讀笑聲喧閒評劉項爭長短不溯經源溯史源兒輩讀史記論劉項尚有所見

奉和漫社復興謹步元韻

年來朝市作林泉朋酒相招意洒然鶴返故巢尋舊路龍還滄海覓深淵竹林雅會思當日洛社流風似去年我亦有緣參末座嚶嚶求友誦詩篇

題韓將軍遺墨步潔珊先生元韻

塞外秋高風雪殘將軍百戰旌旗寒生平愛國出肺肝必以死報心則安明珠薏米息謗難沒後英名蜚將壇馬革裹尸功不刊興安嶺外屯兵團韓侯矯若秋鷹搏其氣既足神復完夜讀兵書畫馬盤誓殺此獠心力殫願效周秦數箭瘢關張無命空增歎名雖不磨心痛酸威鳳折羽悲翔鸞倚門揮涕胡忍看腥風撲面血雨摶不勝猶能作勝觀成仁取義廻狂瀾藐視赤幟如彈丸怡然飲刃當加餐甯爲玉碎不可干勁節有如秋竹竿公之壯貌何桓桓當

日揮毫興未闌吁嗟乎中原戰鬪紛無端堪笑沐猴亦著
冠誰爲國殤祀於官僉曰軍中有一韓

籌邊芻言

籌邊芻言序

光緒中葉日俄戰罷列强各謀展其領土以集矢於中國勢甚岌岌是編察彼以知己鑑往以知來不惜大聲疾呼冀以鞏固邊防爲振興内政之預備中分四章深切著明現在時勢變遷雖或不同然翔實可據亦可爲籌蒙藏者之一助雲陽程德全

案此書在日俄戰後有所感觸而爲之今雖時局變遷大有不同然亦可爲關心蒙藏者之考鏡焉徐鼒霖識

籌邊芻言

吉林徐鼐霖撰

經營蒙藏以保存中國

第一章　緒論

近日世界各强國莫不奮起四顧謀拓展其領土膨漲其殖民以爲異日乘機會支配地球全部分之全枰一子當

其下此一子時固以世界之文明自居而人或亦以文明譽之殊不知其用心至深其著手至辣其機變至陰狠斯其態度至和平其開枰既得文明播傳之美名其終局必收野蠻侵略之實利至揭文明之眞象一野蠻之障面具耳今之戴此面具者國家莫不借口於輸入文明以集矢於中國而吾中國既無資格與列强抱同一之主義於波濤洶湧中一演魚龍壯劇則宜有山嶽不拔之策以抵制其狂瀾或不至共滔滔者而俱逝也乃今日之建謀者莫不注目於修內政夫內政固振興之基而邊防尤保存之要洒掃其庭除而不整葺其墻壁盜來何以禦之況此墻壁又爲吾庭除所託命棄此墻壁而庭除即不能存則整葺之必不可一步遲也此墻壁何在則吾中國外部蒙古

西藏是而庭除則吾中國內部各省也欲保存內部先保存外部欲改革內政先鞏固邊防爰作經營蒙藏以保存中國論以質諸吾中國之愛國家者

第二章　蒙藏與國家之關係

一蒙藏與國家地理上之關係　地理者人類生活之所託而製造國家之根據場也可知地理之優劣實關國家之盛衰有地而無人類則不能建國家而以地授之人則其國家必先亡而人類亦繼以澌滅蒙藏固吾國家一部分地其地理與吾國家所關係者甚大試據蒙藏地理詳言之

甲蒙古

一蒙古之位置　蒙古之位置在吾國全部之北面東

西相距五千五百六十五里南北相距二千五百六十里面積一百三十二萬英方里人口約四百二十五萬東接奉天吉林黑龍江三省南接直隸山西陝西甘肅四省北接俄屬之西伯利亞薩拜喀勒伊爾庫次克葉尼塞托穆斯克

二蒙古之形勢　蒙古本部南有崑崙山脈之合黎山賀蘭山陰山相綿亘北則有阿爾泰山脈及相續之杭愛山唐努山肯特山相盤旋成爲一大高原有沙漠橫界中央高度約三四千尺出入於東西者三千四百里南北者一千四百里東部爲小沙陀大半雜有草原西部草樹絕少是爲瀚海亦稱大磧四月間狂飇飛礫陵谷貿遷號曰流沙因分沙漠遂爲南北漠南之南部有

水利是爲黃河然黃河首在青海尾入內地蒙古所占僅一河套其次則錫拉木倫河之上游及松花江中部之一曲而已漠北則有喀魯倫河全部入黑龍江省之呼倫貝爾而色楞格河烏魯克木河額爾齊斯河下游皆入俄羅斯

三蒙古之區畫　蒙古區畫大約分爲四部一曰內蒙古二曰外蒙古三曰額魯特蒙古四曰烏梁海蒙古內蒙古在大漠以南分爲六盟又分爲二十五部東爲哲里木盟西南爲卓索圖盟迤北爲昭烏達盟又北爲錫林郭勒盟是爲東四盟牧地在東三省及直隸省邊外爲熱河都統及盛京吉林黑龍江三省將軍所轄錫林郭勒盟以西爲烏蘭察布盟其南爲伊克昭盟是爲西

二盟牧地在山西陝西甘肅邊外爲綏遠所轄外蒙古在大漠以北分爲四部東爲車臣部西爲土謝圖部又西曰賽音諾顏部西北曰札薩克圖部爲定邊左輔將軍庫倫辦事大臣及烏里雅蘇台參贊大臣所轄內蒙古之南爲歸化城蒙古分察哈爾土默特二部爲察哈爾都統綏遠城將軍所轄額魯特蒙古又分爲河西金山二大部河西額魯特分二種東爲賀蘭山額魯特蒙古西爲額濟納舊土爾扈特皆在甘肅邊外爲甯夏將軍所轄金山額魯特分七部科布多之東爲杜爾伯特部輝特部西南爲新土爾扈特部東西爲新和碩特部札哈沁部西北曰明阿特部額魯特部爲科布多及阿爾泰大臣所轄而新疆之中亦有額魯特蒙古一曰烏

訥恩索珠克圖盟分土爾扈特爲四部二曰巴啓色特啓勒圖盟合土爾扈特及和碩特爲一部爲伊犁將軍所轄而唐努山阿爾泰附近復有烏梁海部落卅五佐領爲烏里雅蘇台及科布多外蒙古等所轄茲列蒙古詳表如下

內蒙古東四盟各部表

部名	旗數	盟所	貢道
科爾沁部	六旗	哲里木	山海關
札賚特部	一旗	同	同
杜爾伯特部	一旗	同	同
郭爾羅斯部	二旗	同	同
喀喇沁部	三旗	卓索圖	喜峯口

土默特部	二旗	同	同
土默特左翼	一旗	同	同
敖漢部	一旗	昭烏達	同
奈曼部	一旗	同	同
巴林部	二旗	同	獨石口
札魯特部	二旗	同	喜峯口
阿魯科爾沁部	一旗	同	同
翁牛特部	二旗	同	同
克什克騰部	一旗	同	獨石口
喀爾喀左翼	一旗	同	喜峯口
烏球穆沁部	二旗	錫林郭勒	獨石口
浩齊特部	二旗	同	同

蘇尼特部	二旗	同	張家口
阿巴噶部	二旗	同	同
阿巴哈納耳部	二旗	同	獨石口

內蒙古西二盟各部表

部名	旗數	盟所	貢道
四子部	一旗	烏蘭察布	張家口
茂明安部	一旗	同	同
喀爾喀北翼	一旗	同	同
烏喇特部	三旗	同	殺虎口
鄂爾多斯部	七旗	伊克昭	同

察哈爾土默特各部表

部名	旗數	統屬人	所在地

察哈爾	八旗	察哈爾都統	宣化府西北
歸化城土默特	二旗	綏遠城將軍	大同府北

外蒙古各部表

部名	旗數	盟所
車臣部	二十三旗	巴爾和屯
土謝圖部	二十旗	汗阿林
賽音諾顏部	二十四旗	齊齊爾克里
附額魯特	二旗	同
札薩克圖部	十九旗	畢都里雅諾爾
附輝特	一旗	同

額魯特蒙古表

總稱部名	旗數	盟所

河西額魯特賀蘭山額魯特　一旗
額濟納舊土爾扈特　一旗
金山額魯特杜爾伯特　十四旗　賽音濟雅哈圖
輝特　二旗　同
新土爾扈特　二旗　青色特啓勒圖
新和碩特此二部現經　一旗
明阿特　一旗
札哈沁　一旗
額魯特　一旗
新疆額魯特南路舊土爾扈特四旗　烏納恩素珠克
北路　三旗　同
東路　二旗　同

西路	一旗	同
中路和碩特	三旗	巴啓色特啓勒

烏梁海部落表

地名及部名	統轄人	軍數
唐努山烏梁海部	定邊左副將軍	一十五佐領
	札薩克圖汗	五佐領
	賽音諾顏汗	十三佐領
	哲布尊丹巴胡圖克圖	三佐領
阿爾泰山烏梁海部	科布多大臣	七旗

乙青海

一青海之位置　青海在吾國全部之中央自內地準望則偏於西北東西相距約二千里南北相距約千六

百里面積十三萬英方里人口約十五萬東接甘肅西甯及洮泯各縣之邊界西界新疆省阿克蘇和闐之沙漠南界川邊及前藏喀木之阿書克卅九土司境北接甘肅省之肅縣安西燉煌玉門各縣界

二青海之形勢　地勢有巴顏哈剌山斜貫中央黃河揚子江咸發源於此淵然渟瀦地味頗瘠薄青海位於山之東北饒有魚鹽利水草豐茂成天然之牧塲西北多沙西南多山交通皆不便惟東出西甯爲貢道及互市之途焉

三青海之區畫　青海土著之民一爲額魯特蒙古分五部和碩特部二十一旗喀爾喀部一旗乃綽羅斯部二旗輝特部一旗土爾扈特部四旗咸傍黃河及柴達

木河游牧一爲西藩各土司分四十族沿黄河左岸而居咸受轄於西寧大臣置互市場於甘肅之西寧府茲列青海蒙古及土司詳表於下

青海部落表

部名	旗數	種族
喀爾喀部	一旗	額魯特
和碩特部	二十一旗	同
乃綽羅斯部	二旗	同
輝特部	一旗	同
土爾扈特部	四旗	同
阿里克蒙古爾津玉樹土司	四十旗	羌

按青海列強尚未有窺伺之者然其地接近西藏其人

民又蒙古居大半西藏人居小半宗教風俗與蒙藏同設蒙藏亡青海無獨存理今蒙藏爲俄英所窺青海尚安然急經營青海亦經營蒙藏之先河也故吾言蒙藏並及青海

丙西藏

一西藏之位置　西藏在吾國全部之西南東西相距三千六百餘里南北相距一千四百餘里面積六十一萬英方里人口約百五十萬東以大金沙江之谷接四川省以瀾滄江怒江之谷一部接雲南省北以唐古剌山脈接青海部以崑崙山脈接新疆省南以喜馬拉雅山脈接英屬印度之喀蒙及獨立之廓爾喀部不丹部哲孟雄部並英屬之阿薩密侯國狢貐野番部西以喀

剌崑崙山脈接拉達克克部魯楚部及當喀木郎二小部

二西藏之形勢　西藏地勢則喜馬剌雅山陽一面向印度洋者傾斜少險陰一面向西藏者峻急陡落崑崙山脈則綿延盤結於其間以成此世界第一高原此高原出海面約萬七千尺平均高度約萬五千尺稍低處即雅魯藏布川哈剌烏蘇及印度河之谷瀾滄江之源亦出於察木多之北亞洲南部之大川亦發源於谷中交通梗塞實由於此

三西藏之區畫　西藏分前後二大部而前藏又分康衛二大部都會曰拉薩拉薩之西曰札什城東曰察木多城察木多之東南曰洛那宗城江卡城西南爲剌貢

城曲齒城碩般多城拉子城巴重郎城邊壩城丹達城咸爲達賴喇嘛所轄後藏分喀齊阿里兩大部都會曰札薩倫布其東南曰江孜城西曰失喀城聶拉木城濟龍城宗喀城大丹城皆在喀齊又西曰加托克城城之西北有塔什罕城路多城諸和城西南有大定城澤布隆城皆在阿里咸爲班禪額爾德尼所轄別有達木蒙古人五百二十八戶以戶長計算羌種納書等三十九姓土司皆居東北境爲達賴喇嘛所轄而全部又歸駐藏大臣所轄茲列西藏各部詳表如下

西藏各部表

駐藏大臣	達賴喇嘛	前藏	達木蒙古 羌種各土司	康 衛
	班禪額爾德尼	後藏		喀齊 阿里

二蒙藏與國家歷史上之關係　歷史者國民之殷鑑而啓發國民愛國心之根源物也故讀史者知社會之變遷而後有以製造國家知國家之治亂而後有以改革政治知地理之沿革而後有以籌疆域知人種之優劣而後有以保族類凡關於社會之神髓國家之特色莫不於歷史載之綦詳故近世泰東西各大教育家咸於其國之歷史三致意焉以導引其國民使知寶愛其歷史自不能不寶愛其國家則歷史實國民全體之進化物也蒙藏固吾國之國民其歷史與國家關係亦至大試據蒙藏之歷史詳言之

甲蒙古歷史上之沿革　蒙古部落當三代以前爲葷鬻玁狁山戎所占有後爲東胡樓煩林胡匈奴所棲止

及戰國時南境漸入中國而北境則盡屬匈奴匈奴在秦漢時頗強大時爲邊患和親撻伐智力幾竭亦歷史上與中國最有關係之開幕也後東胡遺種之烏桓鮮卑興於東部蒙古全境又爲鮮卑所占而東北部則分爲數小部六朝時全部皆歸柔然及魏滅柔然而突厥復興及唐滅突厥南境內屬北境復爲結骨回鶻沙陀所據由五代以迄兩宋東南則屬於遼金東北則爲蒙古部及太赤烏籛爾乞各部所居西北爲克列乃蠻二部及林中百姓所居西南又爲汪古部及西夏所居然此時已仿中國建築都邑城市非復曩時寄窮帳逐水草之習元以蒙古興征服各部兵力遠及歐洲是爲蒙古最有光榮之歷史統一後於各部置嶺外行中書省

而西北又屬謙州及吉林吉斯復爲海都屬地明初阿裕實哩達喇遜歸溯漠復其故號遺族繁衍於諸部擁衆侵邊終明世北陲不靖清初科爾沁部率先歸附及旣平察哈爾諸部乃相繼來降於是正其疆界咸遵約束有大征伐並帥師以從及定鼎中原賜以爵祿俾得世及以屏藩北部每歲朝貢率職惟謹焉

乙青海歷史上之沿革　青海地當夏代時屬雍涼二州邊境其西部爲西戎所居商代時屬氐羌及鬼方周代時則屬西羌並犬戎秦漢以降爲諸羌所居而以先零爲最强漢中葉王莽置西海郡然旋得旋失不能守也魏晉以還爲鮮卑別族吐谷渾所居隋置西海河源二郡不久仍沒於吐谷渾唐高宗龍朔三年吐蕃滅吐

谷渾盡有其地宋亦吐蕃地元置吐蕃宣慰司於河州
又封附馬章古爲郡王鎭西寧統治番衆明爲西蕃地
永樂後其勢漸分不相統屬正德四年蒙古部酋額布
勒等襲破青海番人多爲逼徙嘉靖時額布勒爲河套
酋濟農所破收其部落大半去惟布爾噶一部斂衆自
保後北部諳達又貪青海富饒襲據其地已而諳達引
去留其子丙圖居青海萬歷中時時犯邊後漸衰弱明
季成吉思弟合撒兒之裔顧什汁自西北來侵有其地
即今之和碩特部是清崇德二年即遣使修貢康熙中
既平準噶爾青海台吉等咸內附雍正元年平羅卜藏
丹津之亂命五部分立設西寧駐劄大臣以經理之置
互市於西甯而受其朝貢焉

丙西藏歷史上之沿革　西藏之地自人皇興於隄地國是爲西藏通中國之始夏屬凉州邊境殷爲西落鬼戎周屬西羌秦漢時爲西南夷邊境魏晉間爲鮮卑別族禿髮氏所居至於隋唐始立黨項吐蕃二國後黨項北遷全境悉屬吐蕃唐末已衰弱宋時亦號吐蕃朝貢不絕元憲宗時置河州宣慰司都元帥府又於四川徼外置宣撫司世宗時復置烏斯藏郡縣其地以吐蕃僧帕克斯巴爲大寶法王帝師領之嗣者數世弟子號司徒司空國公佩金玉印是爲紅教主明洪武六年置烏斯藏朶甘二指揮司及宣慰司招討司萬戸府千戸所又累加封號受其朝貢時有宗喀巴者倡黄教逐紅教法王其徒達賴班禪並握政權清崇德二年即遣使歸

降順治九年來朝賜金册授爲西方大善自在佛領天下釋教普通瓦赤喇怛喇達賴喇嘛其後遣使貢獻不絕後準噶爾策妄阿喇蒲坦興師侵藏國家以大兵討平之雍正朝特簡駐藏大臣管轄焉其俗稱國曰圖伯特又曰唐古特最尊者曰達賴喇嘛班禪額爾德尼代喇嘛理事者曰第巴曰堪布其頭目噶布倫四人分轄藏地高爵一名察核地方倉儲巴司錢糧浪孜沙司刑律東科爾司文書紀綱主計算出使者曰谷操傳事者曰卓尼爾管理家計者曰蒙爾巴役者曰乃興巴統兵者曰戴琫次甲琫次如琫次賴琫次局琫

第三章　蒙藏與列强之關係

一蒙藏與俄羅斯之關係

俄羅斯者世界上最尚武力

之大國而爲侵略派之代表者也其侵略遠東政策早定於二百年前所以東據樺太西掠高加索而貫之以西伯利亞大鐵路吾中國東三省適當其衝俄欲侵略吾中國內部不能不以東三省爲基礎地於是又築東清鐵路橫三省而貫之三省之門戶始被闢而蒙古其懷中物矣今雖敗於日本斷東清鐵路之中而兩分之就表面觀之在日本不過固其保護朝鮮之勢力在俄人實已挫其攫取朝鮮之爪牙而就內容觀之吾東三省昔扼於一虎者今又扼於兩狼日本踞其南則可以西取蒙古南窺燕薊與山東之德揚子江之英均其勢力俄既不足逞志於東必併力於西而蒙古西藏甘新山陝皆將爲遼東半島之取償物是日俄戰後一方面生朝鮮滅亡之結果一方面生

中國危急之原因也其急急之起點首在蒙藏蓋俄人之垂涎者亦已久已試述俄羅斯最有關係於蒙藏者如下

甲國際間之關係　欲知俄人對於蒙藏之野心須觀其對於國家所結之關於蒙藏之條約自同治五年伊犁訂約崇厚失策喪失國權是爲俄人窺蒙古之初步其條約直謂之俄人經營蒙藏條約可也幸曾侯改訂俄人亦稍讓步然俄已得於中國蒙古各地享有種種之權利此後中俄交涉日緊於前喀西尼條約成而東清鐵路歸俄修築旅大租借之條約即植禍根於此拳匪搆亂三省淪陷俄遂濫用其暴力以迫我疆吏廹我政府令從其無厭之要求茲節錄其交還滿州之草約如下　第六條滿洲蒙古之陸海軍不得聘外國人訓

練　第八條滿洲蒙古新疆伊犂之鐵路鑛山及其他之利益非俄國許可不得讓與他人即中國自爲之亦須俄國允許　第十二條許中國由滿洲鐵路支線修一鐵路以達北京　幸此條約以列强反對撤消而滿洲退兵之新要求又起共七條節錄之　第二條現時蒙古之行政法不得紛更如紛更之則視爲動搖住民以紛擾俄國國境　第四條清國行政衙門有任用外國人時其人之權力不許侵俄人之利益優勝的北清事務北清事務當一切委託俄人關係滿洲蒙古事務當任用俄國人之顧問　此條約又被質問於美國俄乃以係華俄銀行私約答美國又變其新要求爲四事以迫我政府承諾其第四條自北京過張家口庫倫達

恰克圖之蒙古鐵道敷設權當特許華俄銀行以外又有添加者則在西藏之西北部施行清俄協同之行政制度是也一面又迫駐藏大臣與訂鑛山條約四條而俄官吏及兵亦相繼入西藏設非挫於日本格於英人則蒙藏早亡失於條約中矣

乙宗教上之關係　中俄天津條約第八條云天主教原爲行善嗣後中國於安分傳教之人當一體矜恤保護不可欺侮凌虐亦不可於安分之人禁其傳習是俄之天主教傳入我中國者已非一日特以蒙古一帶之人智識不開而又篤守其喇嘛舊教故天主教之勢力微耳然俄國地廣人衆所信仰之宗教亦不一尼布楚達奈泊依爾古特斯克一方面之人信喇嘛教者尚多

且能蒙古語及滿洲語日俄戰爭中俄兵士及將校之來滿洲者卒以銅佛護身無者或請於奉天之喇嘛寺而西藏達賴又曾贈俄帝以佛教保護者徽號可知俄人藉宗教勢力以收蒙藏且易爲力也

丙商業上之關係　俄之商業初時尚有制限近已遍於蒙古各地俄之商人近亦巧與蒙古貿易非復從前之暴亂無禮其收效能令俄幣通用俄語亦通用且蒙古人之所最嗜而好之者爲俄之煙酒及短銃快槍類近蒙古各旗無不有俄商賣給之新式之快槍蒙古一帶之馬賊屢爲蒙古及邊省患者亦因俄商之貲以利器故且西北之人民與俄人共營業而積有巨貲者甚多故爭羨而趨之至吉林黑龍江兩省金融界亦以俄

幣之價格爲漲落人民幾無不解操俄語存一與俄人交易或辦事最易發財之觀念與俄人感情頗深幾與同化皆以商業關係故勿謂俄人商業政策之不足懼也

二蒙藏與英吉利之關係　英吉利爲世界之商業國而保全派之首領也其經商於中國在荷人後其殖民於中國在葡人後其交通於中國政府在法人後而皆能超過之自收服五印度後於是東滅緬甸而逼近雲南南收哲孟雄而逼近西藏然英人視西藏重於雲南者以俄人南下雄心時欲勃發失西藏則不足保印度且西藏寶庫地將來必擅商業之勝蕩得西藏並得青海又足聯絡揚子江之商業氣脈英俄訂約以西藏宗主權奉諸中國是已

不認我於西藏有統治權且英俄實以蒙藏之各種經營尚未完備故訂此協約以爲緩衝具耳不然英人前者以印度兵入藏直抵拉薩攻達賴而走之如入無人之境中國已莫之如何英人何所憚而不取西藏蓋恐取之而俄人爭其後也乃仍以西藏還中國既以杜俄人之野心又明知中國之無能爲役不啻寄寶玉於外府而令老大帝國作監守吏者其外交手段之奇妙爲何如當此羣雄爭鹿之世界謂自此之後英人能於西藏縮手以終也耶試述英吉利最有關係于蒙藏者如下

甲　國際間之關係　光緒三十年英乘日俄之戰俄人之不能兼顧西藏也乃以兵入西藏迫達賴喇嘛與訂約十一條茲節錄其最要者　第九條第二項云對於

西藏事無論何國不得干涉　第三項云無論何國官吏或派代理人不得進入西藏境內　第四項云鐵道道路電線鑛山其他何種之權利均不許與外國籍之人民若許之英國政府當以相當或相同之權利同享受之　自英與藏人訂約後即要我駐藏大臣調印我以有害主權故乃提出而議之於北京於光緒三十二年乃續訂藏印條約六條以前者作附約亦錄其最要者　第二條云英國政府承諾不收容西藏之土地於其版圖並承諾不干與西藏一切政治中國政府亦承諾不許他國干與西藏之內政或占領西藏之土地

經此次訂約西藏得以少安未幾又有英俄之協約其協約之關於西藏者共六條　第一條英俄兩國相約

尊重西藏之領土保全勿得干涉一切之内政　第二條兩國政府對於西藏之宗主權非由清國居間照覆不得與西藏直接交涉但此約欵與一千九百六十四年由英清協約所認明一千九百四年之英藏條約並無所涉　第三條兩國政府相約决不派代表人駐紮拉薩府　第四條兩國政府相約爲兩國政府或己國商民計在西藏要索道路橋梁電線採鑛之特别權利或獲得該權利一律不可行　第五條兩國政府允將西藏所有歲入無論其爲物件與錢幣爲兩國政府或己國商民計以爲抵押或接受之亦均不可行　第六條上開五欵以外有英俄兩國屬地佛教徒準與達賴喇嘛往來交涉英國迅宜由秋無畢撤回軍隊及關學

術探險隊之入國章程　觀此協約乃英俄互相支撑之條件非愛中國愛西藏而爲之實欲將來圖中國圖西藏而爲之此約解除而危亡至矣

乙宗教間之關係　西藏人皆信佛教因最敬皈依佛教之喇嘛其人民之畏宗教直與法治國人民之畏法律無異故歷西藏者乃知佛教之勢力大也然西藏人所信之教又非純全之佛教實混合印度教幽鬼教而產出者今印度既屬英英不禁止其宗教上之信仰者一實借以愚印度一欲用以收西藏也而西藏之達賴喇嘛近數年間頗欲吸收印度及俄國之佛教徒於彼勢力下而英俄兩國亦約明其佛教徒得與西藏達賴喇嘛往來交涉知兩國之佛教徒不惟挾其宗教而來

將並挾其政略而來達賴愚闇烏從知之恐達賴之宗敎統一而英俄之政略貫澈也

丙商業上之關係　英國商業現時在西藏甚少而人民來居者亦不多尚在初著手經營時現中國議約大臣與英委員業將西藏商約修改茲錄其要者一西藏商埠境界當正以中英兩國商務委員會同勘定之二凡一切關於商業地域其地租地稅就今所定之以十年爲期期內不得再行增加三英國不得派兵在商埠凡英人及印度商人之財產生命歸中國巡警及地方官保護四現在西藏輸入輸出之貨物中國政府暫不徵稅惟印度茶須徵稅方可入藏五在商埠内所有火藥及一切危險物不許貯蓄若欲建煤池倉庫者須定

一適當之地域並特立契約始得準行商約既立此後英印人營商於西藏者必多然文野相懸或不能遽混合惟英人之商業侵略亦甚可畏也

按列强之於蒙藏有關係者不止英俄茲但言英俄者以其現時能於蒙藏占勢力也其他於後論及之故不多述

第四章　國家二百年來對蒙藏之內政外交大事表

以上兩章既分述蒙藏與國家並與英俄兩國之關係矣然中國主也英俄兩國客也中國對蒙藏交涉即內政也中國因蒙藏而對英俄交涉即外交也茲略舉我國家二百年來對蒙古兩藏之內政外交大事列表於左

蒙

年代	事蹟
天聰八年	大軍及蒙古各部兵征察哈爾平之
天聰九年	林丹汗滅諸部還舊牧地先後歸服中國錫以封爵使領舊土是爲今之內蒙古
順治三年	蘇尼特酋長騰機思凡投喀爾喀土謝圖車臣亦與合大軍討破之乃各奉表謝罪以子弟來朝
康熙十四年	布爾尼煽奈曼諸部擁衆叛大軍討破之乃收其地置牧塲隸內務府太僕寺移其部屬於宣化大同二府外
康熙二十年	蘇尼特奇荒詔賑卹之

康熙二十一年	命大臣賞賚厄魯特喀爾喀
康熙二十三年	土謝圖汗與札薩克圖車臣二汗開釁連年搆兵又與準噶爾生隙詔達賴喇嘛和解之
康熙二十六年	俄國遣使定中俄兩國疆界且請罷中國戍蒙古兵
熙康二十七年	喀爾喀三部以準噶爾之侵來降詔發歸化城獨石口張家口倉儲並給茶布牲畜十餘萬以䘏之割科爾沁地聽其游牧
康熙二十八年	中俄兩國使臣訂約於尼布楚立界碑於格爾必齊河口東岸及額爾古

	納河南岸開互市場於庫倫
康熙三十年	上親至多倫諾爾會喀爾喀之部衆始定外蒙古爵位與內札薩克各旗
	同
康熙三十五年	上親征噶爾丹大破之磧北悉平恢復喀爾喀失地編其部屬爲五十五旗
康熙三十八年	巴林奇荒命使以米一千石賑之
雍正三年	額駙策凌以從征準噶爾有功其近十九札薩克皆附之別成一部落號三音諾顏居土謝圖車臣札薩克圖之上稱喀爾喀四大部落

雍正五年	派內大臣四格侍郎圖禮琛與親王策凌會俄使於恰克圖查定疆界結布拉條約
雍正七年	賞加蒙古王公等俸各一倍及平常一等臺吉常俸
乾隆二年	準噶爾憚策凌之威議定游牧疆界不過阿爾太山於是拓喀爾喀西陲地千餘里
乾隆二十年	車臣汗部應準噶爾擁衆叛三音諾顏汗成袞札布時襲位定邊左副將軍首傳檄各部率兵討平之使征準夷之大軍無後顧憂

乾隆二十一年	置庫倫欽差大臣二人辦理邊務
乾隆二十九年	中俄兩國邊民生齟齬庫倫大臣奉
	命閉恰克圖市場停貿易
乾隆三十年	土謝圖王私與俄人互市詔削其爵
乾隆三十三年	復開恰克圖市場
乾隆五十七年	中俄結市約五條
嘉慶十年	俄以哥羅勒爲全權公使欲至北京
	訂蒙古新商約却之
嘉慶十四年	許俄通商於恰克圖之請
嘉慶十五年	俄義爾古德斯克縣令與庫倫辦事
	大臣開貿易會
道光三年	杭錦旗貝子與阿拉善王爭界命那

	彥成會勘酌斷之
咸豐三年	徵蒙古兵勦髮逆
咸豐八年	中俄結璦琿天津兩條約俄人遂盡有黑龍江流域地
咸豐十年	中俄結北京條約於是黑龍江北烏蘇里江東盡歸俄領而以海參崴爲軍港設置營寨
咸豐十一年	俄始置庫倫領事
同治三年	中俄定西方蒙古疆界
同治四年	蒙古科爾沁親王僧格林沁勦捻匪戰歿曹州
同治五年	伊犂浩罕汗反俄以防邊爲名占領

	庫爾紮及左宗棠平伊犂乃結伊犂
	條約
同治九年	中俄各派大臣定烏里雅蘇臺西北
	之交界
光緒七年	中俄改訂伊犂條約及卡倫以九百
	萬盧卜贖回伊犂
光緒八年	中俄訂喀什噶爾東北界條約
光緒九年	中俄訂科布多界約阿拉別克河口
	約塔爾巴哈界約
光緒十年	中俄訂喀什噶爾西北界約
光緒十七年	白蓮教匪反朝陽縣侵入東土默特
	命定安爲欽差大臣駐奉天派兵定

古

	之
光緒二十七年	命侍郎貽穀墾荒於內蒙古
光緒二十八年	命尚書裕德爲欽差大臣赴奉天查
	辦蒙古訟案
光緒三十二年	命肅親王赴蒙古考查爲改建行省
	預備
光緒三十四年	蒙古札薩克旗借俄人欵五萬兩俄
	人索還急東三省總督代償之責令
	不得再借

青

崇德二年	青海部蒙古遣使入貢
崇德七年	青海部長偕達賴喇嘛入貢
順治三年	特賜青海部長甲胄弓矢及金冊印

	爲固始汗使統轄厄魯特諸部
康熙三十七年	青海臺吉達什巴圖爾來覲詔封爲和碩親王
雍正元年	達什巴圖爾之子羅卜藏丹津誘唆部衆犯邊旋討平之乃定青海蒙古游牧疆界及三年一貢制
雍正二年	王大臣等議奏請土爾扈特綽羅斯等之向立青海和碩特者令其獨立允之
雍正三年	照內外蒙古例編青海諸部爲旗置佐領以札薩克領之
乾隆十一年	增設一旗共二十一旗

海	嘉慶三年	生番搶掠青海部詔松筠妥籌之
	同治七年	土爾扈特游牧地被擾詔安置之並
		賞銀四千兩
西	崇德七年	達賴喇嘛來朝
	順治九年	達賴喇嘛復來朝賜金册印授爲西
		方大善自在佛領天下釋教
	順治十三年	平西王吳三桂招降烏斯藏各法王
	康熙三十二年	封第巴爲土伯特國王賜金印
	康熙四十一年	命郎中舒圖員外鐵圖往打箭爐地
		監督貿易
	康熙四十四年	第巴不恭順達賴汗拉藏誅之以聞
		上嘉之封敷教恭順汗遣大臣安撫

	之
康熙五十三年	準噶爾侵西藏遣大兵討平之
雍正元年	以貝子康鼐濟總理藏地簡大臣駐藏管轄焉
雍正五年	西藏噶隆阿爾布巴等叛投康鼐濟大兵勦平之
雍正六年	阿爾巴布等伏誅封頗羅鼐爲固山貝子
雍正九年	進封多羅貝勒辦理衛藏噶隆事務
乾隆四年	晉封多羅郡王給印轄衛藏等處
乾隆十五年	多羅襲郡王以罪誅
乾隆三十八年	英人遣濮克持節入藏

乾隆四十九年	英人又遣搭納入藏
乾隆五十六年	廓爾喀攻西藏大掠於庫什倫布派大軍平定之
嘉慶十九年	西藏附屬哲孟雄部爲廓爾喀所攻英人助之復王位並奪臺來摩蘭地與哲
道光十五年	廓哲復交鬨英人爲和解之乃割哲之大吉領及毗連印度之平原隷英歲酬哲王以俸
道光二十九年	哲因英知事英人遣兵復仇割地停王俸
咸豐八年	賜西藏生息銀一萬兩

咸豐十年	英以兵臨哲要盟四事與西藏謀互市利
同治四年	布丹人襲印度敗於英遂割第司泰河以東地與英而由印度入藏之東路通
光緒二年	中英結芝罘條約始特提英使節得入西藏事
光緒十年	印度民政廳書記官馬考烈入藏察商務以逾期往且偕多人藏人拒之中政府乃勸馬氏歸
	是年哲王入西藏
光緒十五年	藏兵入哲敗於英哲王乃歸英人設

	官監督之
	是年中英訂印藏條約八則
光緒十九年	中英使臣會商於印度之加拉吉打
	妥議界務商務章程
光緒二十一年	開雅頓爲通商口岸設稅關
光緒二十六年	西藏外務長官奉大喇嘛命赴俄國
	上俄帝以佛教信仰保護者徽號
光緒二十八年	中俄訂關於西藏條約
光緒三十年	英兵入藏迫達賴訂約欲我駐藏大
	臣調印我以有害主權提議之於北
	京
光緒三十二年	中英訂藏印約六條以前約爲附

藏

光緒三十三年　命張蔭棠爲議約大臣與英委員修正西藏商約

統觀以上內政外交諸大事而知國家之强弱常隨時勢爲變遷順乎時與勢則國家必强逆乎時與勢則國家必弱清初聖明在上將相得人天聰九年太宗親征插罕小王子而服有內蒙古康熙三十年車臣土謝圖札薩克圖來降而服有外蒙古五十三年命皇十四子爲帥而平西藏雍正二年命年羹堯爲將而平青海乾隆二十二年二十五年命兆惠爲將而平厄魯特及回疆西北諸族用大安定而又慮諸族獷悍或起而弄潢池兵也於是又縻以紅黃之教摧剛而使之柔以實行削弱諸蒙之四大政策一尊崇喇嘛教以堅其信仰心家有五子者一人相續餘

爲喇嘛僧不準娶妻此人口之所以日少也二不獎勵教育人智閉塞文物制度日就陵夷至不能語其先祖創霸歐亞之歷史用盡習於偷惰此競爭力所以全無也三不提倡開墾獎勵殖民人無貯蓄之觀念且互市有禁因之工商事業無大表見此經濟所以不能獨立也四以牛羊馬駝各種無根據物爲財產藉以生活亦不練習軍制且視步兵爲無用又不改良器械此兵制所以日陋也此四大政策之結果遂使唪經誦咒噉羶寢毳蠢然蠕然遊息於黑幕世界無復嚮日之喜事中國坐是無邊警者百餘年其收效不可謂不鉅也今此鎖國時代一變爲交通時代故昔者所行之政策遂不可復行於今日蓋鎖國之時代患在藩屬謀國家者必重防邊防邊云者防邊人之或

內侵也交通之時代患在敵國謀國家者必重邊防邊防云者用邊人以禦外侮也惟防邊人之或內侵故利用邊人之弱惟用邊人以禦外侮故利用邊人之强自西伯利亞鐵路成後而蒙古遂直接引俄人之饞咽自維多利亞墟五印度後而西藏遂間接啟英人之獵心爾時吾中國政府如能起蒙藏而籌一抵制策則西北邊必不至如今日之糜爛今俄人雖東敗於日本然猶據有東淸鐵路之半段其勢力雖不足直瞰燕齊而蒙古東四盟尚在其掌握中且車臣土謝圖唐努烏梁海科布多及新疆等地又在在與俄地相接俄既挫於東必求伸於西近日於蒙古各地非常注意探險之隊調查之使絡繹不絕於道路間又以金錢收買荒地以珍物厚結諸蒙王知蒙古人民之

篤信喇嘛敎而喇嘛敎之源於西藏也乃籠絡達賴至俄京加以優禮達賴甘之隱欲脫中國之羈絆現俄之西伯利亞之薩拜喀勒依爾庫次克葉尼塞托穆斯克四省之人民咸能操蒙古語及滿州語其用心既深且遠而所處之地位亦可懼也近又與日本訂協約而昌言土地之均一土地均一者日俄既取滿洲而兩分之更欲取蒙古而兩分之也試觀日本於訂協約後蒙古之調查著手愈急其男女學者爲蒙古各旗之敎師及桑門諸子假傳敎名將校之假賣藥商以往者測繪地勢不一而足則其約文之用意可知其必不令俄人坐擁蒙古而享其利權亦可知矣他如德法二國亦互挾其傳敎通商諸政策冀厚植其勢力於蒙古各地究不敵俄人勢力之宏大俄人自西

伯利亞鐵路築成後更由仝木斯克敷設支線向東南下成平行線於厄爾齊斯河至塞尼巴拉敦斯克更折而南經伊犁河及伊犁斯克至威爾尼遂西折入土耳其斯坦其野心蓋欲以土耳其爲根據地登帕米爾高原以睥睨四方一面東下侵入伊犁拓其路線於新疆山陜則可直接正太則外蒙古一帶危一面假中亞細亞梅爾普之至達士墾鐵路直擣阿富汗以進攫波斯更由此以直入印度則西藏青海一帶皆危況蘆漢鐵路之布設正太鐵路之經營蒙古鐵路之計畫竟合滿洲鐵路成一大圓線以包圍我國之全部其勢力直超過於各强國惟英人尚足以抵制之而英人之所以必謀抵制者則在保全印度之富源及在中國之商業英國人民之需要半皆仰供給於

印度而印度又爲英殖民地之中樞印度失則印度以東之殖民地以距母國遠而或致瓦解故英不能不擲全力以保存之也欲保全印度必抵制俄人俄人之侵略要點在阿富汗英人抵制之要點亦在阿富汗境界問題屢生衝突俄人既不得志於阿富汗遂又西連波斯東踰裏海冀越天山葱領以控制伊新蒙藏西藏歸俄則印度之屏藩以撤有西藏即有青海且遮斷揚子江之上游而英之商業必歸失敗即西藏寶庫將來成商業重地之希望亦成畫餅其利害之重大爲何如於是成英俄之協約英俄協約之結果必寄西藏於中國主權下者實英人外交之老滑手段一方緩兩强之衝突一方利一弱之放棄也英俄協約成立後英又與吾修正西藏商約不出十年西藏

必爲英人商戰所割據俄既不足與之爭我亦不足與之爭則此協約之效力直謂之屏除俄人於西藏之外可即謂之戰勝中國於西藏之中亦可也然而俄人亦非全然失敗以有蒙古可爲其取償地也就形式而論俄於蒙古勢力甚大英於西藏勢力甚小俄以自國與蒙古鄰其勢力能直接及蒙古並及西藏英以屬國與西藏鄰其勢力僅間接及西藏而不能及蒙古就實質而論俄以軍事立國故主張侵略而蒙古平原大漠便於馳騁金戈鐵馬縱橫無前一旦自西伯利亞鐵路之一端架設蒙古鐵路與蘆漢鐵路通由依爾庫次克不二三日可以達北京不五六日可以達武漢戰爭儻起可集大兵於咄嗟間以據中國之要區無論何國均不得禦之而爭之也英人在中國

擁有長江沿岸地利用其四通八達之鐵路以席捲大江南北之富源近又謀引印度鐵路線於春丕且延長之至西藏高原冀侵入青海與揚子江上游相聯絡又謀自緬甸經印度以達埃及由地中海以通本國此路苟成則可與西伯利亞鐵路均勢力於軍事經濟上世界亦莫之敵則神州全壤直爲英俄角逐塲吾國之生命乃握諸斯拉夫盎格魯撒遜兩民族手況以外之思染指插足者尚紛紛藉藉之不已乎法已夷安南進瞰雲貴德已攫膠州直涎山東日已亡朝鮮而入南滿瓜分之局已懸於眉睫其所以未遽分者以英俄兩國對於吾中國西北之問題尚未能明晰解決而美國又於中國無大勢力故相持而不動耳今美人併阿拉昔加掠夏威夷攫菲律濱漸施其侵

略東方之手腕近又得開鑿巴拿馬運河權使太平大西兩洋之航線忽然短縮且擴張海軍不遺餘力太平洋艦隊之東來揚子江航路之訪問皆包藏禍心於其間儻美人又在中國立其基礎而英又得西藏俄又得蒙古列强競爭誰肯落後不惟中國之危亡所繫抑亦全球之利害所關欲避異日全球利害之衝突不可不救今日中國危亡之疾病中國危亡之病根種因雖在中央結果必由邊域今中國雖危而尚未即亡者非吾中央政府之足以支撑之實以兩强國對吾國所取之政治派别不同不能爲合意行動用借以暫作支撑也且俄以遠東新敗財力兵力兩有未足設俄長驅入蒙古試其處分東三省故技儻再招他强國之干涉其侵略政策又將失敗不若緩緩圖

之以待機會耳英以文明日久漸流衰弱特蘭斯哇兒彈丸黑子猶竭其全力以服之其不足與强俄較也明矣故但以保全爲侵略慣用其商戰滅國之新法以步步作戰既墟印度又及西藏且自宗教上觀西藏似吾國家之藩服而自政治上觀西藏實吾國家之領土也乃英人必欲認之爲國家如俄日認諸蒙古爲王國是司馬昭之心路人皆知之也嗟夫取蒙藏而泛論危亡固蒙急而藏緩而就蒙藏實策補救則蒙易而藏難蓋俄人現時在蒙古無基礎事業但恃兵力吾國家若速於蒙古設重鎭練蒙兵並駐内地精兵以守之尙可抵制英人現時於西藏以宗主權歸中國惟用其商業政策吾中國商業窳敗安能與世界經濟最占優位之國較勝負一言經營蒙古則勇者

尙不却步一言經營西藏而智者爲之束手也乃者蒙古人闇於大局尙有欲唱獨立者是如乳燕矜飛稚兎詡走必不免於飢鷹餓虎之口而燕巢兎窟或以内訌故爲人搗毁吾知成吉思汗之偉勳永無復振期不必大厦焚平原圮也西藏人蠢蠢冥冥由排外一變爲媚外久之必入英人之樊籠脱中國之羈絆且西藏地鄰廓爾喀地險民悍方將興起力雖不足侵印度勢必將以略西藏況有英人煽其後廓必將爲西藏引虎之倀危機四集秃髮之餘支吐蕃之遺庶安能當之不靡也哉嗚呼蒙古者吾中國歷史上最有名譽之民族西藏者吾中國地理上最占形勢之領土也失蒙古則吾中國民族全體之名譽亡失西藏則吾中國地理全部之形勢亡且我有蒙古善用之可

以制人人有蒙古善用之且以制我則我不可不經營蒙古我有西藏我自可保我吭而護我背人有西藏人遂得扼我吭而拊我背則我不可不經營西藏且蒙古所奉之宗教出自西藏有不能脫離之勢西藏失蒙古必隨之蒙古失西藏青海亦必隨之則蒙藏存亡之關係直息息焉以相通蒙藏與吾國家之存亡關係亦息息焉以相通英人得西藏則必進窺巴蜀順流而下荊門而吾中國之南部亡俄得蒙古則必直搗甘凉丸泥以封函谷而吾中國之北部亡舉黃河揚子江兩大流域以歸英俄勢均之說列強必實踐之如此則中國之全部皆亡瓜分之活劇遂以蒙藏爲開場之第一幕今我國民今我政府尚以蒙藏爲無足重輕而淡漠視之也悲哉

吉林先哲題名碑

民國十八年十月

地安門西黃城根九學分校

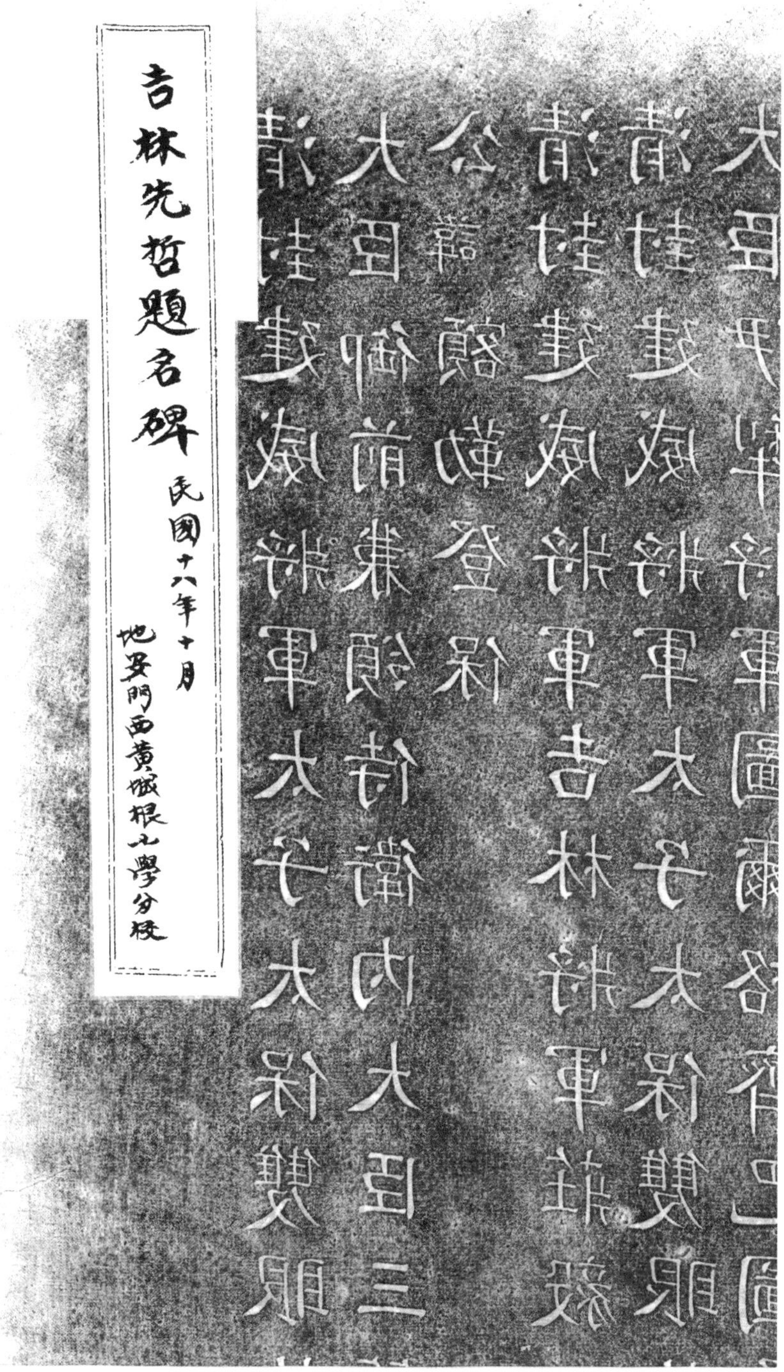

吉林先哲題名

清封建威將軍太子太保雙眼花翎經略
大臣御前兼領侍衛内大臣三等公忠毅
公諱額勒登保
清封建威將軍吉林將軍莊毅公諱德英
清封建威將軍太子太保雙眼花翎欽差
大臣伊犁將軍圖爾格齊巴圖魯忠介公
諱金順
清封建威將軍盛京將軍兼奉天總督法
什尚阿巴圖魯誠勇公諱依克唐阿
清封資政大夫通政司使署禮部左侍郎
于公蓮舫諱凌辰
清封建威將軍綏遠將軍謚人公諱貽穀
清封建威將軍伊犁將軍馬勇僖公諱亮
清封榮祿大夫河南巡撫兵部侍郎都察
[illegible]

院副都御史于公次棠諱蔭霖
清封通奉大夫晉光祿大夫徐公驗修諱
廷瑢
清封振威將軍庫倫辦事大臣桂亭公諱
喜昌
黑龍江都督兼民政長陸軍上將銜宋公
鐵楳諱小濂
清封光祿大夫齊公賢舫諱書甲
清掌貴州道監察御史齊公廸生諱忠甲
以上十三公或有勛勞於國家或有功
德於社會皆足師表人倫為後世法至
額公以前之賢達不敢祔祀示尊也願
後之君子其各敦品勵行接踵而起庶
後之視今亦猶今之視昔先哲有知能
不引為同志乎爰綴數語以示來者鄉
後學徐鼐霖記並書
中華民國己巳年小陽月　穀旦

己巳嘉平

永吉徐氏宗譜

齊耀珊

十五世鼐霖時居燕京之憇園

永吉徐氏宗譜總目

吉林彥一徐君負經世之略，初筮仕於黑龍江，綏辦滿十年，考求三省。君已由牧令之資擢道員，程雪樓中丞極推君之才，備顧問焉。經營墾務，歷二載，凡所以正經界、設縣郡、平道路、開通防務、諸大謀，君之贊畫為多。以是君屢承優敘，無不從違。以和遠情，藉觀其成效。

譜牒者為敬宗睦世族之是譜
以以類家系異親疏義焉以尊卑
焉以親敬其始支派既從附情仁之
至而家姻親為後之人既異焉
家善為修改人之長以承循又
宜子孫之深而為世楷以崇名節
為獲法祖宗之業之懿訓廉恥
備載以俟後擇述而載以紫系

以先懽祖宗之遺神光追於以其
墓祭其之子孫詳收一家圖以明之
史歷久而不以巨譜正比莫差善
善莫我以加善於報以世之譜為人
者翰畫雅之罔之以戶而可書世之
義為大反乎是之不孫不覺於世
族者其著書家法以保庶子孫而
衍續於以重也況於翰一之譜而一

歲次中華民國十九年一月天津徐書

徐氏宗譜序

徐氏中原一望族也其先爲黄帝顓頊之裔本爲嬴姓伯益之後曰若木封於徐故子孫以國爲氏至偃王而族愈大歷三代以迄唐宋英賢蔚起頗不乏人嘗考隋大業中詔修氏族大姓世胄爲國梁柱者三十一姓而徐氏首焉及唐開元初立宗因吳兢柳沖所修姓氏志又詔薛南金陸象先併閲前朝徐氏所進譜狀重加修纂乃定十姓爲國之柱十六姓爲國之梁而徐氏又首焉夫氏徐之初如水之一源耳而分流别派綿延無窮奕葉重光先後濟美猗歟麻哉莫可及也已說者謂源深則流遠惠廸從逆捷如影響今日之蕃衍昌熾蒸蒸日上是皆先世之積德累仁以致有此

餘慶也不其然乎不其然乎慨自宗法之不講泛然如萍之隨風聚散至語其先世幾莫識其所自來比比皆是也敬宗收族云乎哉吾鄉徐公騐修精研譜牒之學歷有年所至今譜成而屬序於予予雖不敏不敢以不文辭況其賢嗣敬宜又爲後來之翹楚實予所心折者乎今觀此譜統宗衍派一覽百世綿綿無窮殊可以風來葉而挽頹風矣非善繼述者其孰能之爰不揣簡陋而爲之序光緒己亥仲春

河南巡撫兵部侍郎都察院副都御史同里于蔭霖頓首拜撰

題吉林徐氏宗譜

昔宋伊川先生嘗謂管攝天下人心收宗族厚風俗使不忘本而已夫情見於親親見於服服始於衰而遞降以至於盡不有宗譜何以明其然乎是宗譜之作所以引未盡者使之親而留既盡者使不至疏且遠後世子孫曉然於吾族發祥於某代某地某官想見忠孝文章之遺繼繼承承保以無墮故蘇允明之言曰觀吾譜者孝弟之心可以油然而生譜牒之重有如是哉吉林徐公驗修篤實君子也模生也晚不獲親其丰采觀其所修之譜想見其爲人乙丑春其喆嗣敬宜中丞乃問序於予予與中丞爲患難交雖剪陋不敢辭也乃展而讀之上溯得姓之原下及析居之所水源

木本秩序井然爲之欽仰者累日案徐氏係出偃王歷秦漢唐宋以迄胥明代有聞人嗚呼盛矣竊謂古今人民進化之階其主義莫不由家族而邦國推衍至於世界由狹而廣其勢然也今則江河日下且有破壞家族主義者倡爲平等自由之學說視宗屬如弁髦等父子如陌路流弊所極不至相率而爲禽獸不止安得多數如徐氏者起而講求宗法挽既倒之狂瀾也於是乎書

黑龍江巡撫都察院左都御史兵部侍郎周樹模敬撰

序

吾友敬一修族譜成授章讀屬爲序竊維家之有譜猶國之有史事須賅備而義取謹嚴豈不學如章者所敢知獨於君相識近三十載肝膽相照邇復憐章老且病時有以濟其窮乏結感在心於君家世德之所垂暨君之爲人不能無一言也　尊人騐修先生守道樂善好施與每傾貲以急人之急又精岐黄術恒施醫葯以活人故名動鄉里無老幼婦孺識與不識皆稱爲徐三先生不敢名敬一少時嘗於途中遇盜有識之者白衆曰此徐三先生公子愼毋傷縱之歸敬一幼稟庭訓讀書明大義窮體用數應試不得售雖由他途得官樹績朔漠而心終戚戚謂不能得科第以副嚴

父之期望也作山居課子圖寄永慕之懷宦轍所至勤政愛民不妄取一錢遇有益民社之事恆歷艱犯難而爲之不遺餘力大府知君可當大任數令參預軍事譽望日隆而謗亦隨之君雖疊遭顛躓堅定之操不稍移曰吾不能屈志逢俗違吾親訓然終以此不得大展厥施在黑龍江當淸之季僅領興東道一年擢民政使甫及朞值政變回都當軸任以爲參政局勢糾紛亦不能遂挽濟之志嗣雖因鄉人之請出爲吉林省長而時會遷移江湖日下兵革相尋民生凋敝君鬱鬱不得於中未及一載遽返故都闢甜園於城北聚圖書其中日以吟嘯課子爲樂與驗修先生當日山居景況無少異吉林人士議修縣志以君爲一鄉之望羣推君總其

成君又以有清一朝起自東陲二百數十年來英傑踵生一時文通武達光昭史策者代不乏人未可湮没無聞使邦人失所矜式所居之左舊有額忠毅公專祠君就其廢址改建吉林先哲祠祀額公以下十有三人兹譜創自　驗修先生既取歐蘇兩家之例而爲之君復博考典籍采古今八各譜之最爲美備者以補其闕誠非不學如章者所敢贊一辭也猶憶曩見吾表叔仁和徐花農侍郎修族譜自伯益受姓之始迨周之偃王以迄秦漢唐宋元明各支派沿流溯源依次備書無遺無濫人皆稱之君之系亦出偃王惜侍郎卒後子姓零落其書不可求不獲取爲君譜之證左也因並書之中華民國十八年嘉善曹秉章謹撰

重修徐氏宗譜序

先曾祖景和公攜家寄居吉林省之吉林府迄今已逾百年子孫蕃衍三百餘口析爲二十餘戶其遷而之他者已數見不鮮矣倘再閱數世其生死存亡又不知凡幾嗚呼譜牒之修顧可緩哉嘗聞之先曾祖之言曰吾族自明季由江蘇崑山縣遷居山東登州府屬之黄縣嗣又移居萊州府昌邑縣之石灣店舊有宗譜尙屬詳明嗣因不戒於火自三世至六世祖孫父子之間親疏莫考云云 璿耳熟焉故能詳也相隔數千里修函十數通迨已卯春始得支譜展閱之餘不禁喜極而泣吾族式微一至此哉溯自景和祖遷居迄今業已六世宗譜闕如今據此譜而重修之願後世子孫

覽此譜者動水源木本之思寄瓜延瓞綿之想其各敦品勵行以大吾族是則璿之所厚望也惟譜序僅載由黄縣移居昌邑而於崑山遷居黄縣一節畧而不詳今特補及以備將來修譜者之考證焉是爲序

十四世徐廷璿謹識

序

嘗考姓氏之稱著於黃帝至三代而愈詳天子因生賜姓胙土命氏諸侯命字爲謚因以爲族是姓氏之著有因德者有因國者有因地者又有因官因爵及食采之分姓則統祖考所自出百世而不變氏則別子孫所由分數世而或更合而爲族分而爲氏此古先王之定制也自姓統氏分之制更而支派日以紊大宗小宗之法壞而族屬日以疏不有譜牒何以濟其窮乎溯自成周以小史定世系明昭穆降及晉魏其辨愈殷有唐一代既定九等法以遏北族又詔薛南金陸象先纂訂氏族大姓爲國柱梁是氏錄舉於朝家史明於里然猶有訛誤缺失懵然莫詳其所自來是古昔之定制

久矣不可復覩矣

先君子有鑒於此乃博稽羣書根據舊譜歷時至數年之久始觀厥成維時鼒霖躓於棘闈窮年兀兀未能仰贊高深偶一語及輒遭訶斥蓋恐紛心廢學有悞科第是

先君子收族敬宗之心與期望鼒霖之切可云至矣又嘗語鼒霖日吾年已六十髮蒼齒豁恐不久於人世續修之責在汝汝其勿忘乃父之志迄今思之忽忽三十年如昨日事也計自甲午投筆從戎由牧令以至開府迫於國事實有未遑已負

先人之遺囑五夜捫心輒增愧怍竊謂世界大勢國家强弱視民族之强弱爲差人有恒言有家族思想然後有邦國思想如以愛

族之心愛國則國無不强是族誼之系乎世變可不謂巨耶試觀往史俗如六朝亦云敝矣獨其士大夫以勛閥相高苟起寒門雖驟顯而搢紳不齒也其時流品最嚴譜牒之學亦最盛迨後世風不古門第之弊至以貨財相奸異派亂宗往往而有所幸李唐以迄趙宋廟堂之上世胄爲先一時名公巨卿講求宗法至今賴之

鼐霖不敏原不勝修譜之役惟廹於

遺命不敢不勉因集各族之譜詳加校訂成書四卷分賜各族俾

永遵守九原有知庶

先君子承先啟後之心可以稍慰矣是爲序

十五世孫鼐霖謹撰

徐氏宗譜凡例

一世系圖自始祖伯儀公至十世爲一圖（說詳牒內）本支則另自十一世景和公起以長次兩支爲序循脈分繪長支以下六支繪列在前次支以下五支繪列在後至圖中相傳之脈均以墨線聯貫而支派親疏昭然可辨

一世表欵式横勒五格五世備修復自六世另紙續修以後均以五世爲例取五世服盡之義也

一世表每修一世必從一世之長支起備書其一支之子孫曾元再書二支復備書其一支之子孫曾元以下依次修去方不紊混

一譜者普也註序世統事資周普鄭氏譜詩蓋取乎此文心雕龍書記篇則譜爲記世之正名古但曰某氏譜曰家譜據隋經籍志唐藝文志所載也曰某枝據楊氏譜也其文始見唐扶頌其省爲支則據北齊書魏收傳文也曰次第據後漢第五倫傳文也

一入譜之歲古無正文庾會終於十九阮孺卒未弱冠二氏之譜載焉蘇東坡年已二十老泉乃不列於譜非所詳也紀譜定以十六歲從版籍也今改爲周歲雖無所因然近來往往有十六以前完婚者倘有意外不能沒其人自我作古不嫌創也

一家祠中設一紀年簿凡誕子之家於彌月命名後報知族長登記於簿註明生辰時刻如或有犯祖諱及同前名者令其即改

至春秋二祭子姓畢集各將半年內壽終之人及葬某處記其日月新娶某氏之生辰亦如之其挈眷遷居者亦爲紀載庶下屆修譜易於稽查

一譜詳本支別支則略歐陽氏蘇氏之例皆然然二家之譜一支一譜者也若吾家之譜一族一譜者也一支一譜各詳所出彼此可以互明一族一譜例無別見義不得而偏略也

一譜者一族之公非一人之私也蘇氏譜於祖父之名加諱字歐陽氏則從同故不從蘇氏也譜中凡系表正文皆書名臨文不諱也佚名則字佚字則次第今日排行據歐陽氏例也佚次第則記以方空本逸周書穆天子傳凡闕字皆作方空辭窮也

一已所自出曰某公據白氏家狀文也族之尊者亦曰公據柳子厚叔父墓版文也其無官者亦曰公據吳仲山碑文也婦曰某夫人據歐陽氏譜也士庶妻亦曰夫人據朱子語錄也語錄無爵曰府君夫人漢人碑已有之只是尊神之詞

一名下皆詳註其字與號佚者闕之凡功名皆詳誌之據世說所引諸譜也其無功名者魏顗譜稱處士今不從嫌飾也漢代碑陰民與處士別也蘇氏譜註不仕今不註無庸註也

一前妻曰元配據晉書禮志文也志曰前妻曰元配後妻曰繼室繼娶曰繼配據儀禮文也不曰繼室古之繼室非妻也說詳左傳隱公元年杜氏註及孔氏正義

一嫡庶之分宜明嫡書元配某氏繼配某氏庶書側室某氏若嫡

歿而以庶繼者則書繼室某氏從左氏傳繼室以生子之例也

一繼嗣宜重無子者以某支某人之第幾子爲嗣詳註名下並某人以第幾子出繼某支某人爲嗣亦詳註於有子者名下欲彼此易爲考證也歿而無嗣者書無嗣别於存而有待者也甫婚無子而歿婦守節者雖未立嗣亦不書無嗣宜有嗣者也

一各支下子女之數宜詳紀文達公譜例庶子不書所生母統於嫡也異母之子不分載統於父也歐陽氏譜例則於婦名下註生幾子無子者亦註名下今即二氏譜而折中之於父名下總記子女成數取統於父之義也於母名下分註子女之次第暨女之所適於異母之子不論其母嫡庶元配繼配各分註於本

生母名下盖欲其詳並使不忘所自出也無子女者亦註名下若夫婦時在中年子女之數祇於母後註明父名下不記總數尚無定若子已成丁則註子名某某無子女者不註盖有待也

一譜詳生卒古法也七略稱子雲家牒載以甘露二年生（文選王儉集序註引）周氏譜載翼以六十四卒（劉孝標世說註引）蓋詳其生而後長幼辨詳其卒而後忌日之禮可舉也故詳註生卒於名下紀文達公譜例婦譜卒而不譜生以其卒於我其生不於我也且以其卒有忌日之禮其生非長幼所繫也今擬譜例婦譜生亦父母之年不可不知之意也

一譜載塋墓據隋書經籍志載楊氏譜也塋在何處墓位是何方

向各註於名下生卒之後佚者闕之

一支派失傳者入譜荀氏家傳譜例也後裔失傳者入譜歐陽氏譜例也

一族居宜記凡同族遷徙雖近必書恐失考也

一賣譜之弊所在多有不能不定爲厲禁往往有非我族類出身微賤偶爾暴發即思冒入世族而不肖支丁嗜利無耻貪其多金即將領譜賣去久之即執此譜亂我宗派一經查出刻即鳴衆逐出祠外永久不得入譜

一凡族人命名宜避先人名諱即每世所排之字亦宜預定字數遞世排去方爲有序今擬十六字以爲命名之序自十七世鑄

字起同族共排一字世世按字遞排庶代遠年湮不致參差十六字列後　鑄孟宗孔式天則地臨謙咸吉時占周易一今年己巳譜成以後每至己年則修天干一週時未遠事易詳也

族孫鑄巒以此爲請時演周易援筆書此以鑄字冠之

鑄

孟

宗

孔

式

天
則
地
臨
謙
咸
吉
時
占
周

易

徐氏得姓源流考

謹考鄭樵志世族以國爲氏者二百三十有三而徐氏與焉歐陽修撰唐書表宰相世系凡九十八族而徐氏與焉張勃吳錄曰八族陳桓呂竇公孫司馬徐傅也徐爲南州名閥舊矣夫自忘其系史家賤之不知姓源君子譏之舊譜所載得姓源流鼐霖證以書之可考見者具錄於左其涉於牽强附會而不可信者不敢依違其說以乖正經若夫長老傳聞猶有所受未至誕妄而足爲一家徵信之文亦附著焉

徐之爲國雜見於毛詩春秋經左氏傳尚書序史記本記其先出於大費史記索隱費扶味反一音秘後以爲氏則扶味反爲得此即秦趙之祖嬴姓之先一名伯翳尚書世本均謂之伯益

是也按國語史記伯皆作柏佐禹治水有功調馴鳥獸鳥獸多馴服舜賜姓嬴氏史記帝舜曰咨爾費贊禹功其錫爾皁游爾後嗣將大出乃妻之姚姓之玉女賜姓爲嬴氏此嬴姓之始而即徐氏之所自出也國語嬴柏翳之後唐書宰相世系表徐氏出自嬴姓是也按大戴記黃帝產昌意昌意產高陽是爲帝顓頊史記顓頊之苗裔孫曰女修生大業大業生大費黃甫謐曰黃帝長于姬水因以爲姓史記索隱太史公云黃帝姓公孫蓋後始改姬姓故舊譜曰徐氏受姓之先由公孫而姬而嬴彘霖則以爲姓出黃帝者多矣遼遠之緒畧之可也考大費者皐陶之子列女傳曹大家註陶子皐陶之子伯益也詩秦風譜堯時有伯翳者皐陶之子佐禹治水舜命作虞官賜姓嬴大費有子二人一曰大廉實鳥俗氏二曰若木實費氏若木蓋以父字爲氏在夏封於徐實徐之始大廉之後遂以秦祀徐與秦本皆爲嬴姓左傳昭公元年周有徐奄杜預注二國皆嬴姓其後以國爲姓史記秦之先爲嬴姓後分封以國爲姓有徐氏在殷之末已有徐氏成王分魯公以殷民六族徐氏

居其一是也徐於三代時皆有功至春秋屢列於諸侯之會爲吳之所倚而楚之所爭其國在禹貢徐州之域漢書一統志臨淮郡有徐縣顔師古注徐縣故國嬴姓至春秋時徐子章禹爲吳所滅唐書地理志河南道臨淮郡有徐城縣即其地今泗州也周穆王時徐有偃王生而有異去若木三十二世偃王既立行仁義天下諸侯歸之尸子徐偃王有筋而無骨裴駰曰號偃由此按博物志載偃王初生時事奇而誕今不錄周王伐之偃王不忍鬬其民北走彭城武源山下國遂爲周所滅酈道元水經注偃王治國仁義著聞欲舟行上國乃導溝陳蔡之間得朱弓矢以爲天瑞自稱徐偃王江淮諸侯從者三十六國周王聞之遣使至楚令伐之偃王不鬬其民遂爲楚敗按史記作周穆王親征徐而古史考云徐偃王與楚文王同時考史記年表穆王元年去楚文王元年三百一十八年矣道元不指爲何王說較安周復封其子宗爲徐子宗十一世孫曰章禹滅於吳子孫世有聞人其

後徐氏有南祖有北祖 唐書宰相世系表偃王爲周所滅復封其子又十一世爲吳所滅子孫以國爲氏章禹十三世孫詵爲秦莊襄王相生仲仲字景伯生延字方遠延生由字智卿由生該字昌言該生光字子暉漢下邳太守光生大司農靜字君安靜生益州刺史萬秋字蘭卿萬秋生左曹給事充字彥通充生諫議大夫安仁二子豐霸豐爲北祖霸爲南祖文多不具錄

其望有五皆出偃王 廣韻徐出東海高平東莞琅琊濮陽五望

又徐有三望東海爲上望 原注 東海今江南淮安府海州地古郯子國 按漢書地理志東海郡有郯縣師古注故國嬴姓少昊後應邵曰音談 其屬縣贛榆 按贛榆古紀鄣邑漢置贛榆縣屬琅琊郡東魏置懷仁縣明屬淮安府 前清因之後屬海州

平原爲次望 原注 平原今江南鳳陽府泗州地古徐子國 按春秋昭公二十年吳滅徐徐遂入於吳戰國屬越後屬楚秦置徐縣屬泗水郡後漢屬下邳郡三國時屬魏晉屬臨淮郡宋南齊屬淮陵郡梁置高平郡北魏置南徐州梁改爲東徐州東魏改東楚州陳改安州後周改泗州唐宋元明仍之 前清初屬鳳陽府今陞直隸州

偃王都之有徐城焉其鄰縣定遠徐君冢及卦劍臺猶在按括地志所載挂劍臺即在今泗州又水經注淮水下徐城三見彭城爲下望原注彭城今江南徐州地古大彭氏國按古大彭氏國春秋爲宋地戰國屬楚秦置彭城縣項羽自稱西楚霸王都此漢曰徐州自晉至前淸因之今陞爲府有彭祖舊宅及彭祖井按水經注地理志曰彭城縣故彭祖國也城之東北角起層樓於其上號曰彭祖樓其樓之側帶汴泗東北爲二水之會漢以來皆曰徐州偃王避居彭城即此按括地志所載有兩徐城一曰大徐城在泗州徐城縣北三十里古徐國也一云徐城在越州鄮縣東南入海二百里夏侯志云翁州上有徐偃王城偃王失國之後滅而復興公族之盛散處於南北者指不勝屈韓文公偃王廟碑暨小戴記徐容居之言最爲詳盡今節錄之益見仁義之涵育至深且遠徐與秦俱出柏翳爲嬴姓秦處西偏專用武勝卒僨其國徐處得地中文德爲治及偃王誕當國所以君國子民待

四方一出於仁義周穆王好道士說得八龍騎之西遊忘歸四方之諸侯爭辯者無所質正咸賓祭於徐贄玉帛死生之物於徐之庭者三十六國得朱弓赤矢之瑞穆王聞之恐遂稱受命命造父御長驅而歸與楚連謀伐徐徐不忍鬭其民北走彭城武源山下百姓隨而從者萬有餘家偃王死民號其山爲徐山鑿石爲室以祠偃王偃王雖走死失國民戴其嗣爲君如初駒王章禹祖孫相望自秦至今名公鉅人繼迹史書徐氏十望其九皆本於偃王而秦後迄茲無聞衢州故會稽太末也民多姓徐氏支縣龍邱有偃王遺廟或曰偃王之逃戰不之彭城之越城之隅棄玉几硯於會稽之水或曰徐子章禹即執於吳徐之公族子弟散之徐楊二州間即其居立先王廟云韓碑之言如此又考小戴記檀弓之文徐容居之言曰昔我先君駒王西討濟於河徃徐滅而復興則偃王失國之後徐復大宜其公族之盛散處於南北者多矣　至我始祖自明代又遷居於魯復爲北方之大族可云盛矣

右徐宗得姓之源與其由徐州而徙居南北鼒霖既博徵古書以詳其實又於受姓源流之後附著偃王以下歷史所載徐氏偉人

蓋不知淵源世系不敢强所不屬然載籍之傳意其亦出偃王之後羅而列之所以備考徵而非冒引爲華胄也　初益伯佐禹平水土爲舜虞官賜姓嬴氏生子二長大廉次若木若木亦佐禹治水有功封國於徐生子四長征國次季勝次終次簡征國之子先征國卒其名不傳元孫曰伯靡夏后仲康之舊臣也舉兵滅寒浞而立少康伯靡生女愛少康命之滅奡按奡左傳楚辭皆作澆越九世而裔孫費昌去夏歸商御湯放桀終殷之世恪守侯服凡二十傳其名位之不泯者惟沃丁之相咎單太戊之相臣扈耳及康而名始著從周武王觀兵於孟津繼致師於牧野康子彥彥子訓訓子綏娶天水姜氏生子誕字子需生而有文在其掌曰偃王遂以爲號年

十七才兼文武年二十有功於周周昭王分國以治穆王無道意不在天下好方士說得八龍騎之西遊同西王母宴於瑶池之上歌謳忘歸四方諸侯之爭辯者無所質正咸賓祭於徐贄玉帛死生之物於徐之庭者三十六國得朱弓赤矢之瑞穆王聞之恐遂稱受命命造父長驅而歸與楚連謀伐徐徐不忍鬬其民走彭城武源山百姓隨而從之萬有餘家因自貶爵稱子亦娶姜氏子寶宗寶衡寶明

周懿王朝　徐子寶宗襲位

孝王朝　召寶宗中子仁爲司徒

厲王朝　王大夫宏

王大夫希
宣王朝　王大夫𠃨
幽王朝　王大夫恭
平王朝　太史角
桓王朝　王大夫汞
莊王朝　卿士思
惠王朝　齊桓公大夫開封名疆
襄王朝　太宰孔
定王朝　內史興
靈王朝　王大夫融

景王朝　王大夫簡

敬王朝　王大夫僑

　　吳大夫承

貞定王朝　趙烈侯內史越

安王朝　王大夫杜

顯王朝　王大夫諧

　　王大夫淵

赧王朝　秦上大夫尙

　　卿士衍

秦始皇帝時　大夫仲入烏君山採藥隱今邵武府

漢高帝朝　禮官大夫生
文帝朝　禮官大夫延
景帝朝　廣陵內史襄
武帝朝　禮經博士艮
光祿勳目爲
宣帝朝　車騎郎福
成帝朝　光祿大夫元洎字文副時貴戚欲移漢祚乃去位
避居衢之太末
平帝朝　處士房字平原懷德不仕與逢萌李曇王遵同志
時人號爲四子

光武帝朝　詩經博士敖

明帝朝　烏桓校尉僊

和帝朝　太尉防

順帝朝　敦煌大守由

桓帝朝　潁陰令晏字孟平

靈帝朝　東海相璆字孟玉

獻帝朝　幹字偉長曹操命爲上艾令不就篤行體道不耽

世榮

三國時　孝廉愼　御侍中丞庶

晉武帝朝　瑯琊都尉俶字伯進

惠帝朝　交州守森之

成帝朝　江州刺史寧字安期

哀帝朝　平虜將軍元熹

恭帝朝　秘書監廣字野民

宋文帝朝　寧州刺史循

孝武帝朝　鎮東將軍凱之

齊武帝朝　新安太守摛字士秀謚貞

梁武帝朝　左僕射陵字孝穆封建昌侯謚章

　　中書侍郎儉

陳後主朝　開府儀同三司平和

隋文帝朝　中書舍人孝德

唐太宗朝　西臺舍人齊聃字將道

高宗朝　集賢殿學士給事堅字元固

元宗朝　大理卿嶠字惟嶽

代宗朝　吏部尚書浩字季海德宗時進會稽郡公

德宗朝　嶺南節度使申字維降封東海郡公

憲宗朝　監察御史晦

宣宗朝　思王記室參軍修矩

僖宗朝　太子右贊善象賢

昭宗朝　清海節度使

後晉高祖朝　翰林學士台符
宋太祖朝　左春坊士廉
眞宗朝　尙書右丞奭字師召祥符壬子狀元
仁宗朝　國子祭酒庸字叔平
神宗朝　太宰處仁字尙德
徽宗朝　河東制置副使翌字元敏
欽宗朝　知晉寧軍徽言字彥猷罵賊而死贈彰化節度使
謚忠壯
明洪武朝　中山王達字天德

徐氏得姓始祖征國公先世紀錄前譜存攷

黄帝 少典氏子諱軒轅姓公孫長於姬水又以姚爲姓母附寶見大電光繞北斗樞星感而有孕二十四月生帝於邱都日角龍顔娶西陵氏之女嫘祖生子昌意

昌意 娶蜀山氏昌僕感瑤光貫月之祥生子顓頊

顓頊 娶元妃鄒屠氏日源生子卷章

卷章 封南國侯司徒娶金天氏生子囘

囘 娶陶唐氏生子陸終

陸終 娶鬳氏生子黄雲

黄雲 黄帝七世孫娶金天氏生子熊啟初苗伯宗法誌

熊啟 封江夏王生子女修

女修 封江夏王生子大業

大業 娶少典之子女華生子大費

大費　舜時佐禹治水有功賜姓嬴氏　是爲伯益又名若木　伯翳娶姚氏生子若木

征國　夏封於徐遂以徐爲姓都潁川生四子爲四姓曰征國徐氏曰終黃氏曰季勝馬氏曰簡趙氏

征國之後遷徙不一歷傳五十九世至西漢遷燕郡無終邑曰樂公乃吾徐氏之祖蓋因舊燕所載以續其傳其黃氏馬氏趙氏三姓各載別譜茲不具述

按江寧中山王府譜首載少典氏黃帝昌意乾荒顓頊皐陶伯益則伯益公爲黃帝六世孫梁王公儈儒撰徐氏譜系稱伯益公爲黃帝九世孫而此爲十一世孫未知孰是然黃帝至伯益公已四百年其世數應從多者前賢攷究不敢遺也謹錄於首

徐氏宗譜考證梁譜系

梁王僧儒等奉敕修定徐氏譜系

按徐氏裔出顓頊孫曰可修氏生大業大業生三子長伯益當堯之時洪水滔天民遭昬墊禹治水益造舟楫普及水難舜攝位嘉其功錫以元圭禹受舜禪遂封嬴邑侯是益黄帝九世孫也生二子長大廉封陸氏次若木封徐國君子孫以國爲氏若木四子封爲四姓曰征國徐氏曰終黄氏曰季勝馬氏曰簡趙氏粤自征國徐氏至二十五世孫康康生滸滸生彥彥封忠義侯彥生訓封東平侯訓生綏周昭王拜爲列國侯辭不受徙家深壑隱居泗州平原縣東二十里徐理山中娶天水姜氏生子誕

字子儒即偃王也自黃帝至偃王四十二世偃王亦娶姜氏生三子寶宗寶衡寶明寶宗爲潁川侯生仁周孝王時爲司徒仁生宏周孝王時爲大夫宏生希仕幽王遇難奔走希生戹幽王時爲大夫戹生恭平王召爲引國侯恭生暢桓王時爲大夫暢生永莊王時爲大夫永生思不仕思生強仕周爲諸侯強生亘仕周爲大夫亘生章禹仕周爲大夫章禹生融靈王時爲大夫融生簡靈王時爲大夫簡生僑景王時爲大夫僑生滿定王時爲大夫滿生覲定王時爲大夫覲生閎元王時爲大夫閎生杜杜生諧諧生淵淵生垂垂生可可生詵皆仕周爲大夫詵公以後按唐書世系表無庸再錄至元代而譜牒散失惟新安之譜尚存然非本系也𤕤霖

按徐自若木公受封

傳至章禹公周敬王八年滅於吳前皆世君其國而此譜有數世爲大夫其年亦與史不合今遵他譜所註以備考不敢妄加點竄也

始

積
起

得福
得才
得時
才旺
守奉

繼
受
邊
經
聘
綽

士舉
士敬
希茂
希聖
希顏
樓庭
來庭
允庭
光庭
先庭

次賓
通
本讓
耀
動
人任
欽
則初
炳
朗
亮
忠
應賓
作賓
丙初
大田
鉢
鐸
朋
奇
從正
從謙
從讓

口口

昌齡

祥志

環

十景和
一景順

民 充

章 龍 虎 豹

朝臣 君佑 君佐 君愛

可認 典學 篤學 問學 向學 孟羊 孟秋 東明 東高

從順 從恩 大全 大賓 要 正 體 佃 拱 振 賞 乾 燦 爵 松 標

圭 權 戰 立山 石 功

東魁 茂苓 西魁

祖 祥衛 祥文

梓 桐 春 暖 冬

一脈近

世									
一世	始遷祖	伯儀							
二世	積	起	民	充					
三世	得福	得才	得時	才旺	守奉	奈	漢	械	章
四世	繼	受	邊	經	聘	綍	仲	金	輪
五世	士舉	士敬	希茂	希聖	希顏	樓庭	來庭	允庭	光庭

龍 朝臣 先庭
虎 君佑 可大
豹 君佐 可學
君愛 可師
可訓
典學
篤學
問學
向學
孟羊

孟秋

東明

東高

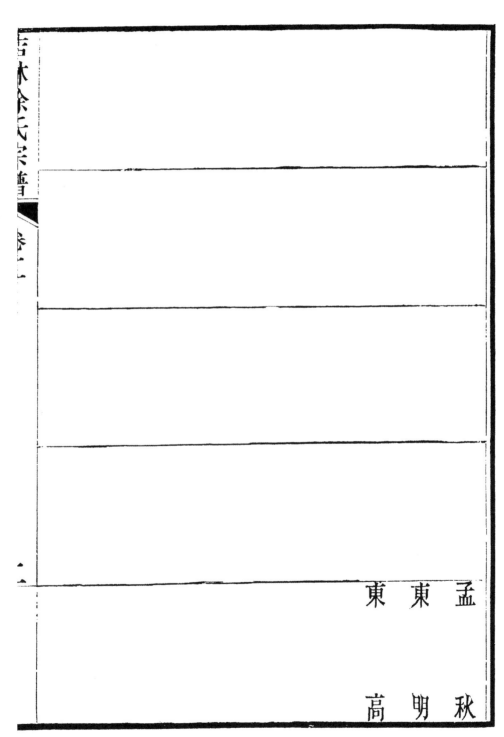

世代									
六世	次賓	通	本讓	耀	勳	欽	則初	丙初	炳
七世									
八世									
九世									
十世									
世									

朗

亮

忠

應 賓

作 賓

鉢

鐸

朋

奇

大 任

大全
大田
大賓
要
正
體
佃
拱
振
賞

乾
燦
爵
松
標
從　　正
從　　謙口　　口昌　　齡祥　　志環
子口口　　子昌齡　　嗣子祥志　原名有志配口氏
係貢公第配口氏　　子二景和
四子　　子環　　景順

從讓
崇禎壬午
年兵變被
傷無後
從順 壘 西 魁祥 雲年
配朱氏 行一 配馬氏 配閆氏 行一
子五壘芷 配口氏 子祥雲 子二年秋 配口氏
權戰立山 嗣子西魁 秋
繼戰子 行二
配口氏

芷
行二配口
氏子東魁

東
原名魁配
吳氏子祥
卿

魁祥
配姜氏子
三檀梅桐

卿檀
嗣子鵬運
行一原名
藁配口氏

梅
行二配口
氏子鵬運

桐
行三赴關
東

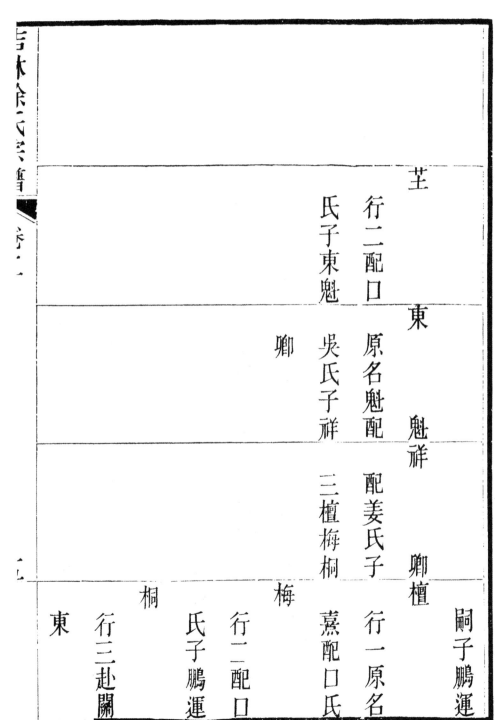

權
行三配口
氏子茂苓
戩
行四配口
氏子西魁

茂　苓
配口氏子
祥衛
西　魁
配馬氏子
祥文

祥　衛
赴關東
祥　文
配孫氏子
三春暖冬

春
行一配口
氏
暖
行二配口
氏
冬

從　恩
配口氏子
二石功

立　山
行五配口
氏
石
行一配口
氏
功

行三配口
氏三公無
後

行二三一公

無後

十一世
景　和
環公子行
一
配　氏
子二俊德
明德

十二世
俊　德
行一
清封通奉大
夫
配于氏
誥封夫人
子六存福
存貴存榮
存倫存仁

十三世
存　福
行一
配吳氏
子二廷訓
廷法

十四世
廷　訓
行一
配李氏
子立澤
廷　法
行二
配祖氏
子四立明

十五世
立　澤
行一
配張氏
無嗣
立　明
行一
配張氏
子二耀閥

存義

立福
立財

立永

發重
耀眞

立福

行二

配王氏

子四
耀椿

春重
耀侁
耀

揆重
魁
耀武

立財

行三

配楊氏
無嗣
立　永
行四
配王氏
子四耀闈
珊
重耀琨耀
麟耀陞
女一

存
貴廷
棟立
有

行二
配王氏
子二廷棟
廷才

存榮

行一
配王氏
子立有

廷才

行二
配李氏
子立砝 法重

廷魁

配李氏
子四耀至
耀金耀菁
耀常

立砝

配馮氏
子四耀安
耀堂耀彩
出嗣耀宅

立庫

行三
配高氏
子二廷魁
廷鐸
存
行四排行

倫廷
行一
配董氏
子立庫
廷
行二
配孫氏
子立功
行一

配王氏
子二耀泰
耀山
鐸立
功
配陳氏
子一耀君
璀立
增
行一

五字正宗配楊氏
清封通奉大
夫
享壽七十
有四
配齊氏
誥封夫人
享壽八十
有二
合葬吉林

子三立增
立垤立塾

配謝氏
子一耀廷
立
垤
行二
配于氏
夏氏
子一耀喜
立
塾
行三

省城西北一百六十里九台二道溝西北嶺辛山乙向

子三廷瓘廷璽廷璿

廷璽

行二

配朱氏

子二立坊立墀

配馬氏

子三耀臨耀酉耀輔

立坊

行一

配高氏

子一耀琮

嗣立墀子

立墀

行二

配范氏
子四耀珊
耀璞耀琮
耀瑄

廷
行三
字驗修
清封通奉大
夫
元配呂氏

璿黿　霦
原名立塈
行一字敬
宜號鏡岑
附貢生官
至黑龍江

誥封夫人
子二鼐霖
彝霖

民政使司
民政使特
任吉林省
長
配張氏
繼配范氏
繼配瓜爾佳
氏
繼配孫氏
子三彭壽

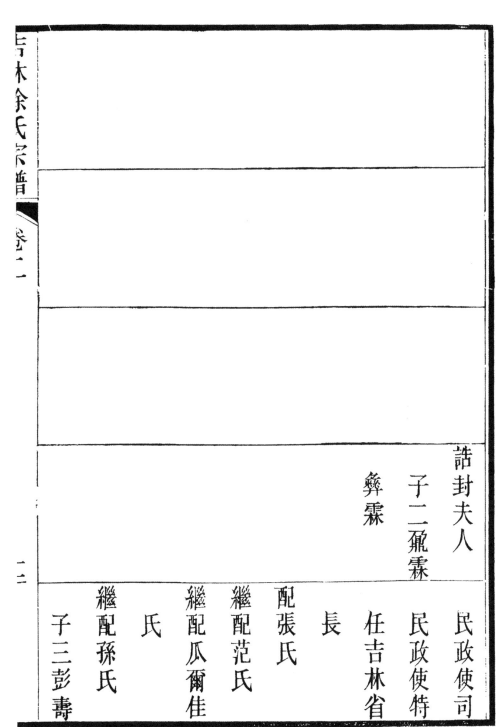

字毅伯容
壽字謙仲
聯壽字慊
叔以字行
側室何氏
側室朱氏
側室元氏
彝　霖
原名立壁
行二

存　仁
行五
配呂氏
子二廷和
廷祥

廷　和
行一
配郝氏
子
廷　祥

配孫氏
繼配張氏
子二松壽
綿壽
立　成
一名立中
配馮氏
子耀彩嗣
立祛子
立　富

存
行六

行二
配李氏
子二立富
立貴
義廷
行一

配董氏
無嗣
立貴
行二
配馮氏
無嗣
懷立
寬
配劉氏

明德
行二
配夏氏
子五存華

配趙氏
子二廷懷
廷玉

存華
行一
配魏氏
李氏

配王氏

廷玉
行二
配張氏

廷溫
行一
配李氏
趙氏

立滿
未娶

立英
配金氏
子一耀名

存禎存禮
存智存信

子四廷溫
廷艮廷儉廷
廷讓

子立英
廷　艮立　昇
行三　配李氏
配趙氏　子五耀漢
子立昇　耀奎耀章
立朝出嗣　耀文耀斗
廷　儉立　本
行三　行一
配孫氏　配孫氏
子二立本　繼配鄭氏

立岑

廷讓

行四

配李氏

子立朝嗣

子二耀先

耀宗

立岑

行二

配劉氏

子一耀得

立朝

配李氏

鄭氏

嗣立昇子

嗣廷艮子　耀魁

存　禎廷　恭立　剛

行二　配王氏　行一

配孫氏　子二立剛配許氏

子廷恭　立強　子一耀恩

立　強

行二

配王氏

子一耀臣

存　禮廷　瑞立　邦

行三
配王氏
姚氏
子三廷瑞
廷珍廷珠

行一
配李氏
子立邦

廷珍

行二
配張氏
子立業

廷珠

行三

配耿氏
子二耀璐
耀岱

立業

配趙氏
子二耀琳
耀珺

立鳳

行一

配滕氏
子二立鳳
立身

配黃氏
子一耀湖
立　身
行二
配孟氏
子一耀海

存
智廷
燦立　柱
行四
配李氏
行一
配李氏
行一
配李氏

子三廷燦
廷九廷琛

子二立柱
立樑
廷
行二
配王氏
子立柊嗣
廷琛子
廷
行三

無後
立
未婚
九立
配魏氏
琛立
行一

樑
柊
柏

配王氏
孫氏
子五立柏
立柊出嗣
立彬立樸
立楨

配孫氏
子二耀發
耀達

立彬
行二
配任氏
子三耀連

存
信廷
行五
配夏氏

配王氏
子立春

耀洲
耀盛
立樸
行三
配孫氏
立楨
行四
配張氏
泰立春
配張氏
子四
耀殿

子廷泰　廷□　耀恒耀亭
廷□　早亡　耀□
景　順
環公子行二
鵬　運守　中
梅公子　行一
配高氏　享年五十
子四守中　有七
欒中德中配高密縣姜
羣中　莊高氏

樂中
乳名跟成
行二此公
赴關東

德中
行三
配諸城縣郭
氏

羣中
行四此公

赴關東

十六世

耀閎

配氏

耀真

配氏

以上立明子

耀椿

耀侊

配氏

耀揆魁重

配氏

耀武

配氏

以上立福子

耀闈

耀琨

配氏

耀麟

配氏

耀陞
配氏
以上立永子
耀至
配氏
耀全
配氏
耀菁
配氏
耀常

配　氏
以上立有子鑄一
耀　安配　氏
配　氏　子
子四鑄一鑄　天山重
鑄天鑄青配　氏
鑄景　子
鑄　青
配　氏
子

鑄景
配　氏
耀堂
子
配　氏
子
耀彩
立成嗣子
配　氏
耀宅
鑄圜
配趙氏
配　氏

子三鑄圖　子
鑄村鑄學
以上立佉子鑄　村
配　氏
子
鑄　學
配　氏
子
耀　泰鑄　柄
配　氏

配楊氏
子一鑄柄
耀　山鑄　屺
配楊氏　配　氏
子二鑄屺　子
鑄峒
以上立庫子鑄　峒
配　氏
耀　君
立功子配

邢氏
子
耀庭
立增子配
張氏
嗣子鑄珩
耀喜鑄瑩
立娃子配配氏
劉氏
子四鑄瑩鑄珩

鑄珩鑄珂配　氏

鑄琪　嗣耀廷公

鑄　珂

配　氏

鑄　琪

配　氏

耀　臨

配　氏

耀　酉鑄　垣

配劉氏　配　氏
子二鑄垣　子
鑄型
鑄　型
配　氏
耀　輔　子
配陳氏以上鑄　基
立塾子　配　氏
子一鑄基
耀　琮鑄　銘

立坊嗣立配　氏
墀子配吳　子
氏
子二鑄銘鑄　鼎
鑄鼎　配　氏
子
耀　珊
配孫氏
耀　璞鑄　經

配郭氏　配　氏

子二鑄經

鑄維

鑄　維

配　氏

燿　瑄

配滕氏

以上立墀子

彭　壽

字毅伯以

字行配趙氏生民國三年甲寅六月十一日酉時

容壽字謙仲以字行配于氏

生民國四
年
乙卯十二月
十八日卯
時
聯壽
字慷叔以
字行配馬
氏
生民國五

年

丙辰九月二十五日寅時

以上鼒霖子

松壽

配氏

生民國五年

丙辰

綿壽

配　氏

以上彝霖子

耀彩

立成嗣

立祛子

配宋氏

耀名

立英子未
婚
耀　漢鑄　屛
配李氏子配楊氏
四鑄屛鑄鑄　藩
藩鑄金鑄配　氏
宇　鑄　金
配　氏
鑄　宇
配　氏

燿 奎
配劉氏 出嗣

燿 章鑄 銓
配孫氏 配王氏
子一 鑄銓

燿 文鑄 庠
配劉氏 配 氏
子一 鑄庠

燿 斗鑄 卿
配張氏 配 氏

子四鑄卿鑄相
鑄相鑄國配　氏
鑄昌　鑄國
以上立昇配　氏
子　鑄昌
配　氏
耀　先鑄巒
配楊氏
鑄崑
配李氏　配劉氏

子二鑄巒

鑄崑

耀　宗鑄　峯

配魏氏　配王氏

子四鑄峯鑄　崙

鑄崙鑄巖配郭氏

鑄岫　鑄　巖

以上立本　配張氏

子　鑄　岫

配　氏

耀　得鑄　嶸
立岑子配配氏
宋氏
子一鑄嶸

耀　奎鑄　城
立朝子配配氏
劉氏　鑄　池
子二鑄城配氏
鑄池

耀　恩鑄　垠

立剛子配配　氏

袁氏　鑄　逵

子三鑄垠配　氏

鑄逵鑄序鑄　序

配　氏

耀　臣鑄　塡

立强子配配　氏

侯氏

子一鑄塡

耀　瑢鑄　璧

配隋氏
子一　鑄璧
耀　　岱
配　氏
以上立邦子
耀　　琳
配金氏
耀　　珺
配　氏
以上立業

配　氏

子

耀湖

立鳳子

耀海

立申子

耀發

配程氏

耀逵

配孫氏

以上立柏子

耀連

配氏

耀洲

配氏

耀盛

配氏

以上立彬子

耀殿

配溫氏

鑄林

配氏

鑄材

子二鑄林配　氏

鑄材

耀　恒

配賈氏

耀　亭

配黃氏

耀　口

配　氏

以上立春子

卷二終

吉林永吉徐氏世牒

牒者表之子註古製雖不可考而其意固可想像歐蘇之譜子註皆見於表世數無多並行不悖茲譜列十七世表內僅可排行序明支系至於生卒年月官階資望妻妾姓氏以及所出子女窀穸方所皆詳於牒中以次挨載庶便檢查

第一世

伯儀公由登州府黃縣西鄉村名館上於明隆慶年始遷昌邑之石灣店塋在本村官道東壬山丙向生卒年月無考

第二世

積起民充四公　伯儀祖子

第三世

得福公等十二人

第四世

君佐公等十三人

第五世

希聖希顔公等二十二人

第六世

從謙公三十九人由二世至此因家廟失愼譜兆焚如遠近親疏已無可考祇就本支敘之所謂可知者譜之不可知者闕之

不敢附會以存信也子一失諱墓在山東昌邑葦園地中

從讓明崇禎朝兵變被傷無後

從順配朱夫人子五壘芏權戰立山

從恩配口夫人子二長子石次子公俱無後

第七世

失諱　從謙公子墓在山東昌邑葦園地中

壘　從順公長子配口夫人子西魁分繼戰子

芏　從順公次子配口夫人子東魁繼立山次子

權　從順公三子配口夫人子茂苓

戰　從順公四子配口夫人子西魁墓在山東昌邑縣

立山　從順公五子配□夫人出繼鉢公

第八世

昌苓　七世祖子配□夫人子祥志繼貢公第四子原名有志墓在山東昌邑呂家莊西

西魁　壘公子配馬夫人子二長祥雲承戰公祧次祥雯

東魁　芏公子原名魁配吳夫人子祥卿

茂苓　權公子配□夫人子祥衛乾隆二十八年移居關東無考

第九世

祥志　昌齡公嗣貢公子配□夫人子環國學生墓在山東昌邑呂家莊西

祥雲　西魁公子配閻夫人子二年秋

祥卿　東魁公子配姜夫人子三檀梅桐

祥衛　茂令公子乾隆三十八年移居關東

祥雯　西魁公子配孫夫人子三春暖冬

第十世

環配□夫人子二景和景順墓在山東昌邑呂家莊西

年配□夫人無嗣

秋配□夫人子鵬運分繼梅子

檀原名熹無嗣

梅配□夫人子鵬運

桐配口夫人

春配口夫人

暖配口夫人

冬配口夫人　以上四公均無後

第十一世

景和祖配口夫人子二長俊德次明德乾隆五十八年經吉林將

軍恆奏請歸入紅册奉　旨允准遂占籍焉葬家西嶺佛手

山壬山丙向

鵬運兼承秋祧配高夫人子四守中樂中德中羣中享年六十六歲

第十二世

俊德　景穆公長子子六存福存貴存榮存倫存仁存義淸封通奉大夫晋光祿大夫元配于夫人封一品夫人女二長適本縣崔氏次適本縣姚氏葬　景和祖前左一穴壬山丙向

明德　景和公次子配夏夫人子五存華存珍存禮存智存信女三長適本縣許氏次適本縣楊氏三適本縣王氏葬　景和祖前右一穴

守中　鵬運公長子承祧秋享年五十七歲嘉慶二十二年七月初一日卯時生同治十二年十二月二十九日卒配高夫人

樂中　鵬運公次子配口夫人嘉慶二十四年二月初三日巳時生乳名跟成亦移居關東

德中　鵬運公三子道光五年八月二十六日戌時生配郭夫人

羣中　鵬運公四子道光八年生配口夫人移居關東

第十三世

存福　俊德公長子配吳夫人子二廷訓廷法

存貴　俊德公次子配王夫人子二廷棟廷材

存榮　俊德公三子配高夫人子二廷魁廷鐸女一適本縣魏姓

存倫　俊德公四子字正宗生乾隆六十年二月十六日卯時卒同治八年五月初三日未時清封通奉大夫晉光祿大夫配齊夫人清封夫人晉一品夫人生嘉慶三年十一月十九日未時卒光緒六年十一月初五日辰時子三廷爟廷璽廷瑨

長適同里孫氏次適本縣郭氏合葬家西北嶺第一崗

辛山乙向

存仁

俊德公第五子配呂夫人子二廷和廷祥

存義

俊德公第六子配趙夫人子二廷懷廷玉

存華

明德公長子元配李夫人繼配魏夫人子四長廷温次廷

艮三廷儉四廷讓女一適本縣朱氏

存禎

明德公次子配孫夫人子一廷恭女二長適本縣王氏次

適本縣孫氏

存禮

明德公三子元配王夫人繼配姚夫人子三長廷瑞次廷

珍三廷珠女三長適本縣王氏次適本縣孫氏三適本縣劉

氏

存智　明德公四子配李夫人子三長廷燦次廷玖三廷紳女一

適本縣楊氏

存信　明德公五子配夏夫人子二長廷泰次廷口早亡女二長

適本縣吳氏次適本縣孟氏

第十四世

廷訓　存福公長子配李夫人子一立澤

廷法　存福公次子配祖夫人子四立明立福立財立永

廷楝　存貴公長子配王夫人子一立有

廷才　存貴公次子配李夫人子一立祛

廷魁　存榮公長子配董夫人子一立庫女適本縣姚氏

廷鏵　存榮公次子配孫夫人子一立功女四長適同里陳氏次適本縣李氏三適同里魏氏四適本縣楊氏

廷瓘　存倫公長子配楊夫人子三立增立垚立塾女三長適同里姚氏次適本縣楊氏三適本縣韓氏塋在家西北嶺　存倫公前左一穴辛山乙向

廷璽　存倫公次子配朱夫人子二立坊立墀女三長適本縣趙氏次適本縣周氏三適本縣張氏塋在家西北嶺　存倫公前第二穴辛山乙向

廷瑢　存倫公三子清封通奉大夫晉光祿大夫道光十三年癸

巳十月初八日吉時生光緒十九年癸巳正月初四日巳時
卒元配呂夫人清封夫人晉一品夫人道光十年庚寅五月
十四日吉時生光緒二十年甲午二月初十日未時卒塋在
存倫公前右第一穴辛山乙向子二鼐霖彝霖女三長適
同里孫氏次適本縣耿氏三適綏化縣楊氏

廷和　存仁公長子配郝夫人子一立成又名立中女一適本縣
齊氏

廷祥　存仁公次子配李夫人子二立富立貴女二長適本縣寧
氏次適本縣范氏

廷懷　存義公長子配王夫人子一立寬女二長適本縣商氏次

適本縣李氏

廷玉　存義公次子配張夫人

廷温　存華公長子元配李夫人繼配趙夫人子一立英女二長

適本縣高氏次適本縣曹氏

廷艮　存華公次子配趙夫人子二立昇立朝女二長適本縣王

氏次適同里王氏

廷儉　存華公三子配孫夫人子二長立本次立岑合葬家西嶺

廷讓　存華公四子配李夫人子立朝嗣廷艮子

廷恭　存禎公子配王夫人子二立剛立强女五長適孫氏次適

張氏三適劉氏四適魏氏五適姜氏均本縣人

廷瑞　存禮公長子配李夫人子立邦

廷珍　存禮公次子配張夫人子立業

廷珠　存禮公三子配滕夫人子二立鳳立身

廷燦　存智公長子配李夫人子二立柱立櫟

廷九　存智公次子配王夫人子立柊嗣廷琛子

廷琛　存智公三子配王夫人繼配孫夫人子五立栢立柊出繼廷九立彬立樸立楨

廷泰　存信公子配王夫人子立春

廷□　存信公次子早亡

第十五世

立澤　廷訓公子配張氏無嗣

立明　廷法公長子配張氏子二耀閥耀眞

立福　廷法公次子配王氏子四耀椿耀侁耀揆耀武

立財　廷法公三子配楊氏無嗣

立永　廷法公四子配王氏子四耀闡耀琨耀麟耀陞女一

立有　廷棟公子配李氏子四耀玉耀金耀菁耀常女一適同里
　姚氏

立砝　廷才公子配馮氏子四耀安耀堂耀彩（出嗣立成）耀宅女一適
　本縣姚氏

立庫　廷魁公子配王氏子二耀泰耀山女二長適本縣劉氏次

適本縣陳氏

立功　廷鐸公子配陳氏子耀君女三長適同里陳氏次適德惠

劉氏三待字

立增　廷瓘公長子配謝氏子耀廷女三長適德惠王氏次適本

縣姚氏三適本縣陳氏

立垿　廷瓘公次子配于氏繼配夏氏子耀喜女三長適張氏次

適閻氏三適孫氏均同縣

立塾　廷瓘公三子配馬氏子三耀臨耀酉耀輔女三長三均適

陳氏次適趙氏均同縣

立坊　廷璽公長子配高氏子耀琮嗣立墀子女二長適懷氏次

適王氏均同縣

立墀　廷璽公次子配范氏子四耀珊耀璞耀琮出繼立坊耀瑄

鼐霖　廷璿公長子原名立莁字敬宜又字鏡岑別號憇園坿貢生勞績知縣黑龍江大賚廳通判海倫直隸廳同知在任候補知府分守興東兵備道特授黑龍江民政使司民政使籌防處總參議軍政處處長兼第二路統領官督都府參謀長文案處會辦墾務局總辦東三省總督署禮科兼學科參事欽差大臣內文案一等秘書官大總統府顧問參政院參政特任吉林省長生同治四年九月二十二日亥時子三彭壽容壽聯壽元配張氏生同治元年正月初六巳時卒光緒十

六年正月二十六卯時女二一志筠適北平韓氏向筠適本縣趙氏繼配范氏生同治六年八月三十子時卒宣統三年十月初一未時女一四筠早卒葬奉天太清宫地莊繼配瓜爾佳氏生光緒十三年丁亥三月十二申時卒民國二年四月二十五日午時繼配孫氏生光緒五年己卯十月二十九申時容壽生母女一翠筠待字側室何氏彭壽所自出側室朱氏聯壽所自出側室元氏待容壽如已出鞠育顧復無所不至彭壽字毅伯容壽字謙仲聯壽字慷叔以字行

彝霖　廷璿公次子原名立壂元配孫氏繼配張氏子二松壽綿壽女四長早亡次適祖氏三適趙氏四適謝氏均同縣

立成一名立中　廷和公子配馮氏子耀彩嗣立法子馮氏守苦
節三十年請旌有案　大總統特賜竹孝松貞匾額以榮之
立富　廷祥公長子配董氏無嗣
立貴　廷祥公次子配馮氏無嗣
立寬　廷懷公子配劉氏
立滿　廷玉公子未娶
立英　廷温公子配金氏子耀名
立昇　廷良公子配李氏子五耀漢耀奎耀章耀文耀斗
立本　廷儉公長子配孫氏繼配鄭氏子二長耀先次耀宗女四
長適德惠縣王氏次適劉氏三適楊氏均本縣四未字亡合

葬家西嶺　廷儉公前左一穴

立岑　廷儉公次子配劉氏子耀得女一適德惠縣趙氏葬家西嶺廷儉公前右一穴

立朝　廷讓公子配李氏繼配鄭氏子耀魁嗣立昇次子

立剛　廷恭公子配許氏子耀恩

立强　廷恭公次子配王氏子耀臣

立邦　廷瑞公子配耿氏子二耀璐耀岱

立業　廷珍公子配趙氏子二耀圍珊重耀珺

立鳳　廷珠公子配黄氏子耀湖

立身　廷珠公次子配孟氏子耀海

立柱　廷燦公長子配李氏無後

立樑　廷燦公次子未婚

立柊　廷九公嗣廷琛公子配魏氏

立栢　廷琛公長子配孫氏子二耀發耀達

立彬　廷琛公次子配任氏子三耀連耀洲耀盛

立樸　廷琛公三子配孫氏

立楨　廷琛公四子配張氏

立椿　廷太公子配張氏子四耀殿耀恆耀亭耀口

耀鑄兩輩俟下屆修譜再詳入牒

第一塋

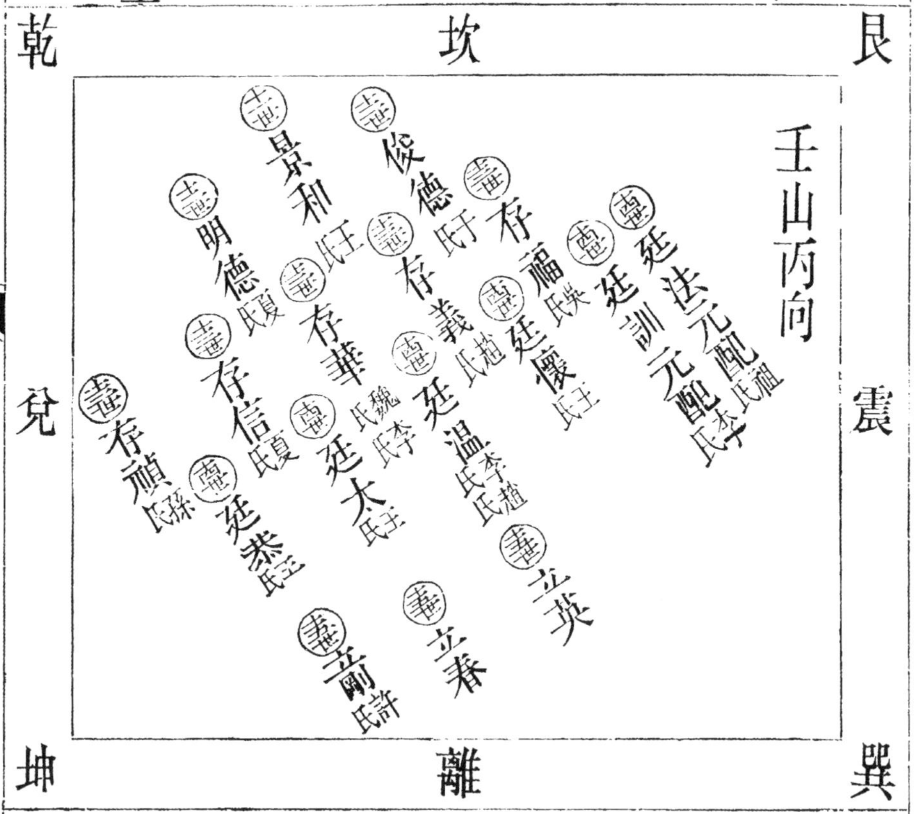

塋在吉林省永吉縣尚禮鎮九台二道溝屯西嶺距屯二里餘東南至永吉縣城百六十里北至吉長鐵路下九台車站十六里四至本姓兆十有七

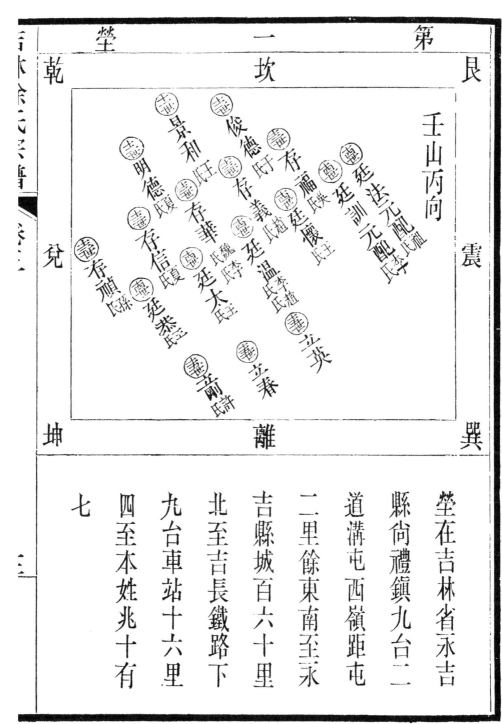

第二塋

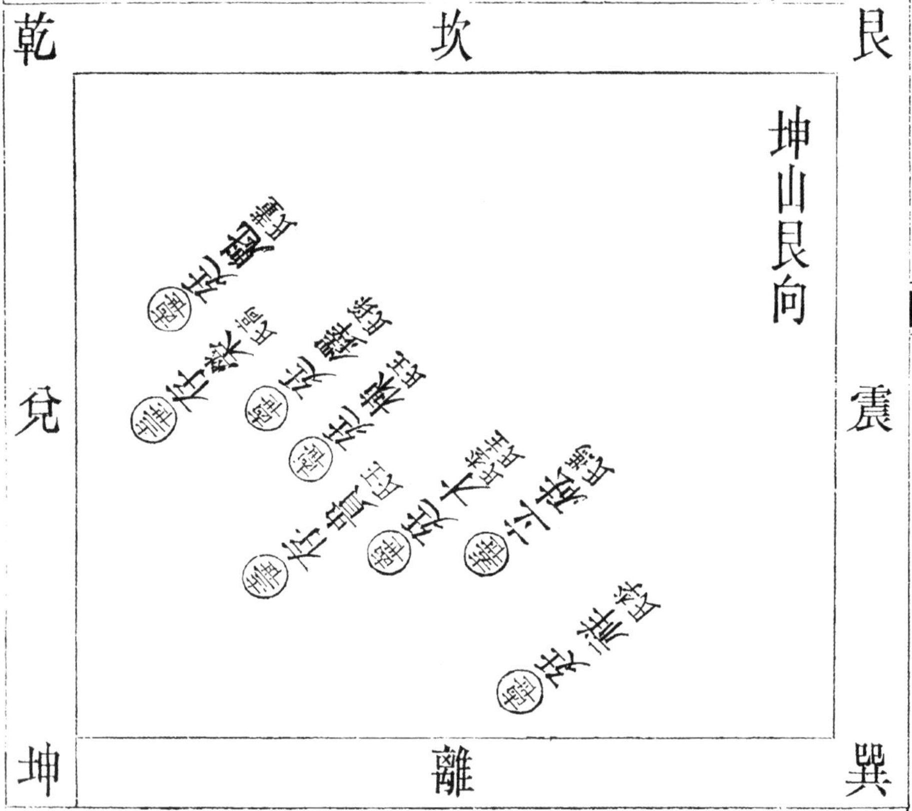

塋在二道溝屯西距第一塋二里北隔道與第八塋相毘連四至本姓兆八

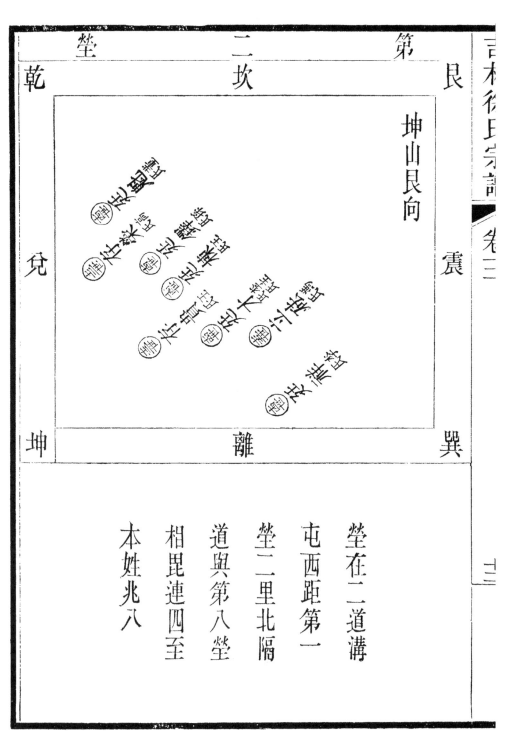

第三塋

艮　坎　乾

辛山乙向

十三世 立壇 謝氏

十四世 廷璀 楊氏

十三世 立珪 邱氏 夏氏

十五世 存倫 蔣氏

十四世 廷璽 朱氏

十三世 立堺

十四世 廷璿 呂氏

震　兌

巽　離　坤

塋在二道溝西北嶺西南距第一塋二里南至第四塋一里四至本姓塋域一畝三分兆七

三

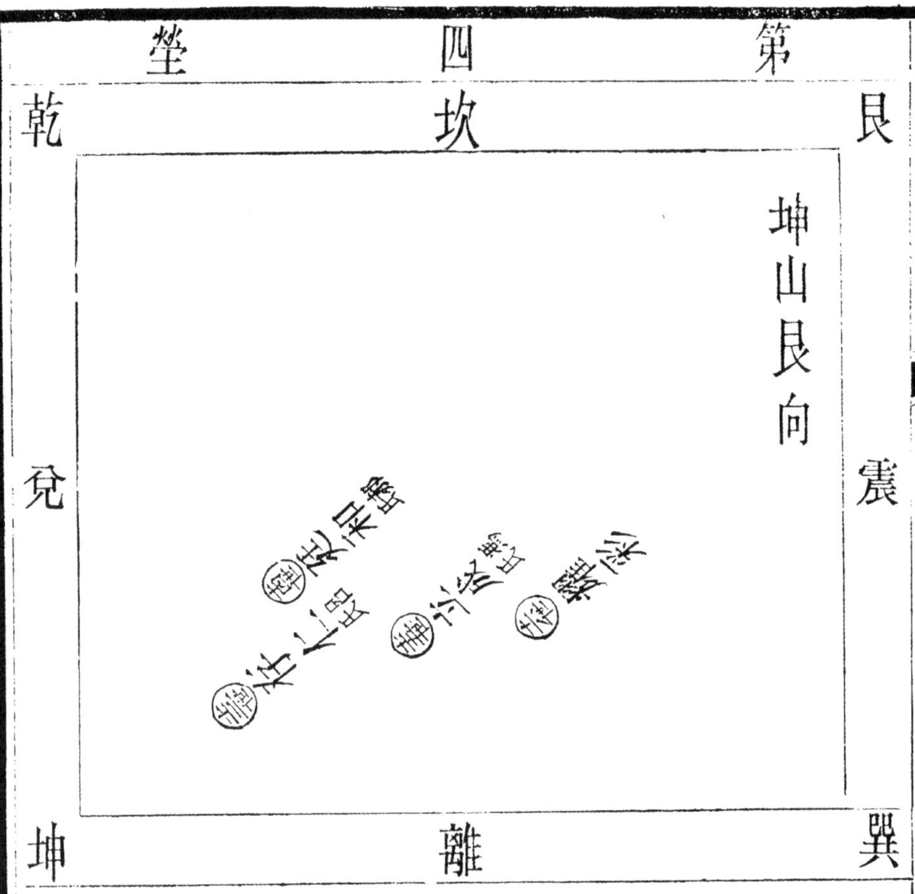

塋在二道溝屯北西至第一塋二里西南距第二塋半里北至第三塋一里四至本姓塋域一畝三分兆四

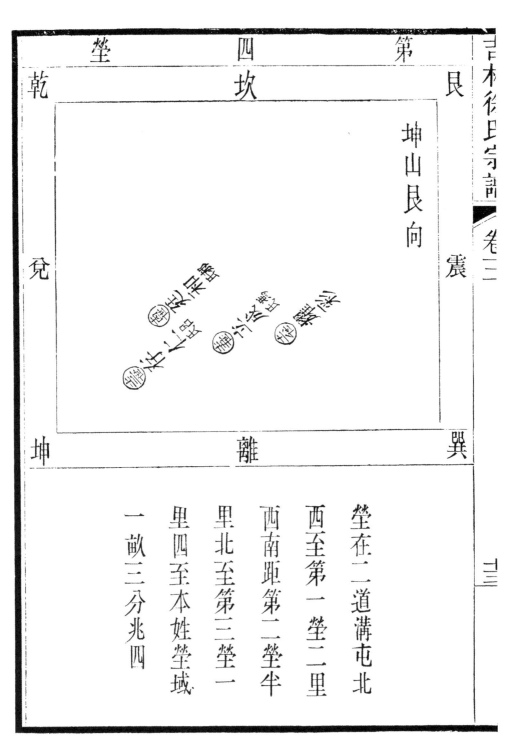

第五塋

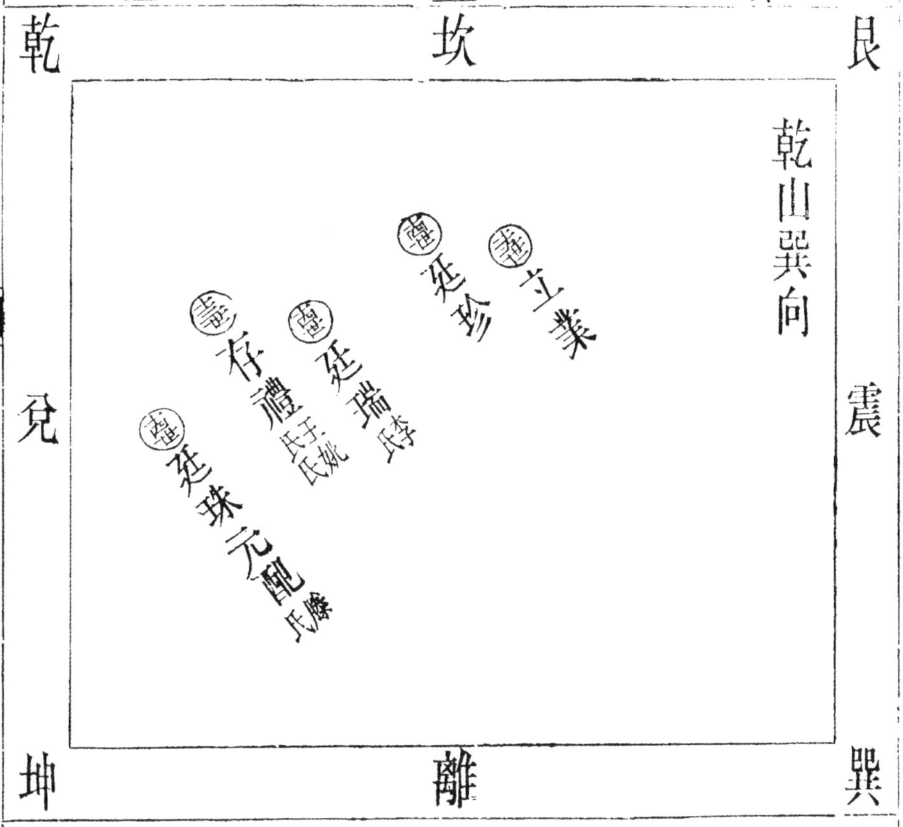

塋在二道溝南葦子溝距第一塋十五里四至尤姓兆五分葬三處

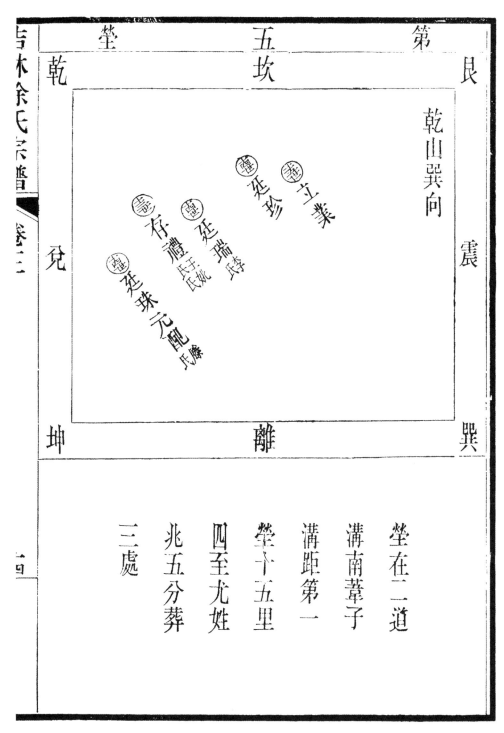

第六塋

艮　坎　乾

壬山丙向

十四世 廷燦 李氏

十三世 存智 李氏

十四世 廷玖 王氏

震　兌

巽　離　坤

塋在二道溝西嶺南與第一塋相接西與第九第十兩塋相毗連四至本姓兆三

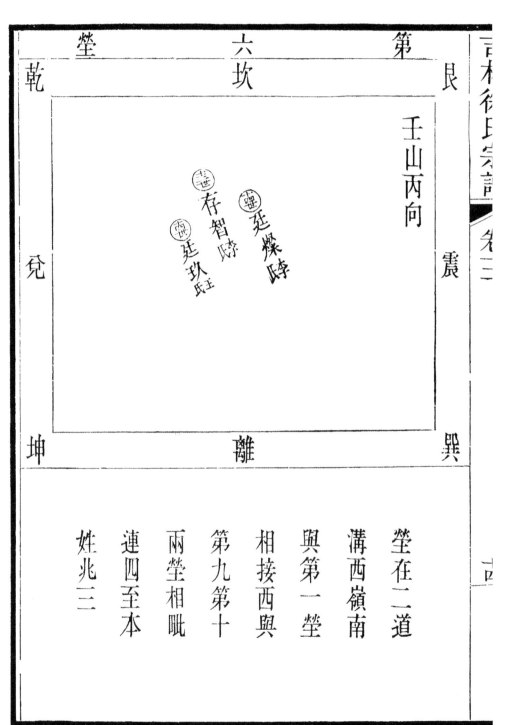

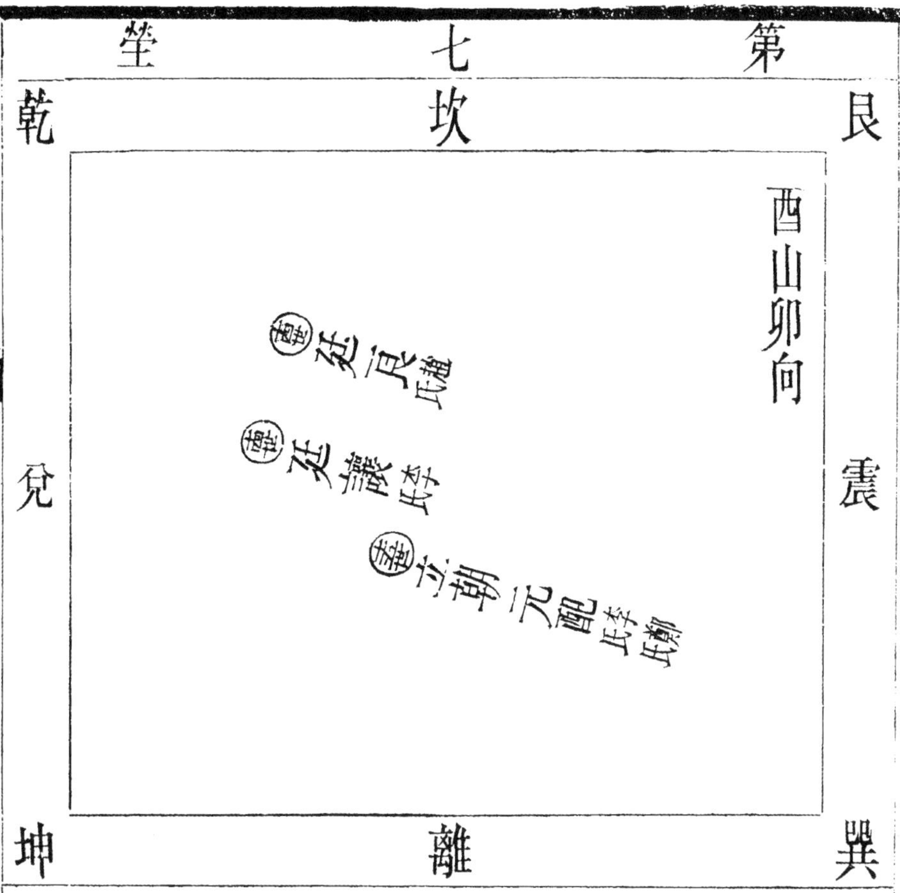

塋在二道溝北嶺北至第三塋半里南距第四塋半里四至本姓兆三

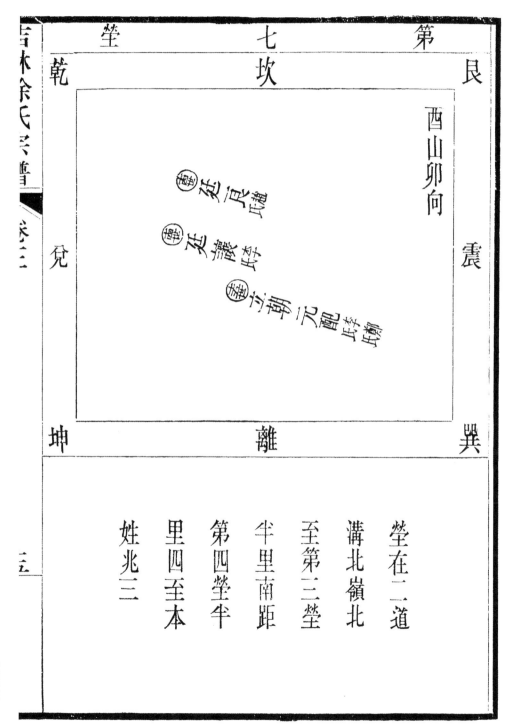

第八塋

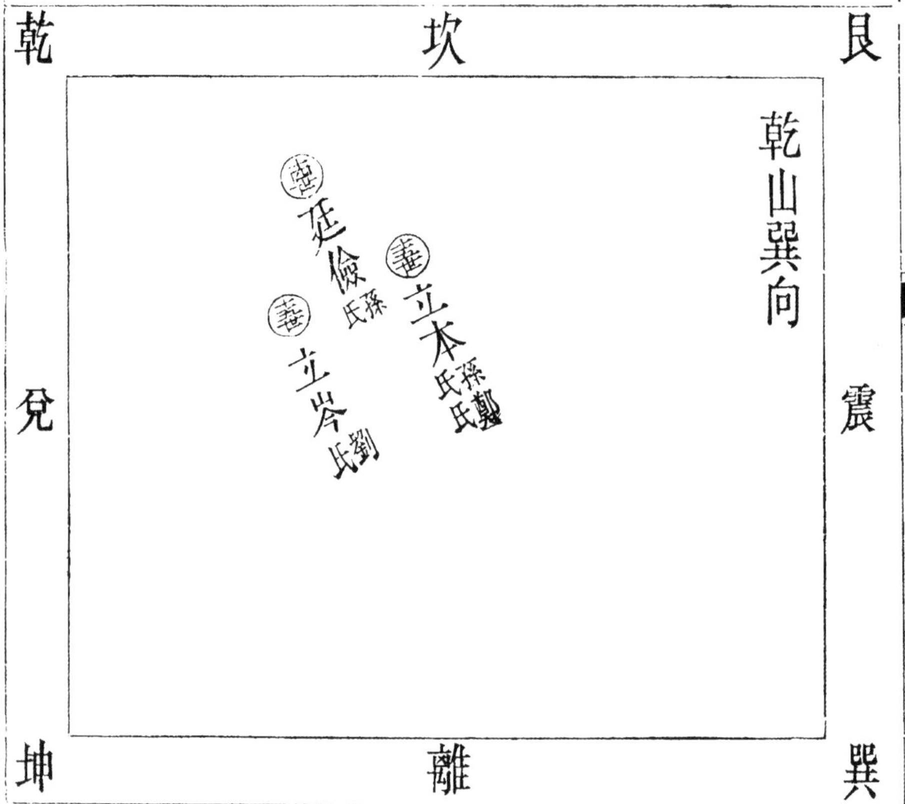

塋在二道溝西嶺去屯半里西南距第一塋二里南隔道與第二塋相毘連北至第三塋一里東至第四塋半里四至本姓兆三

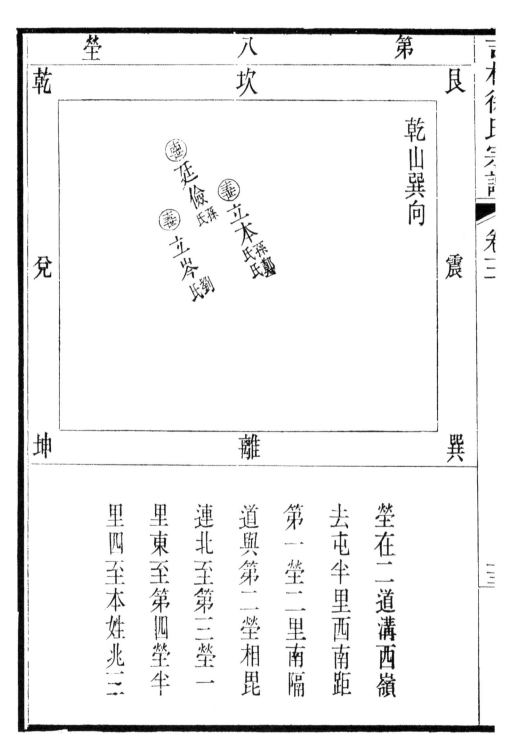

第九塋

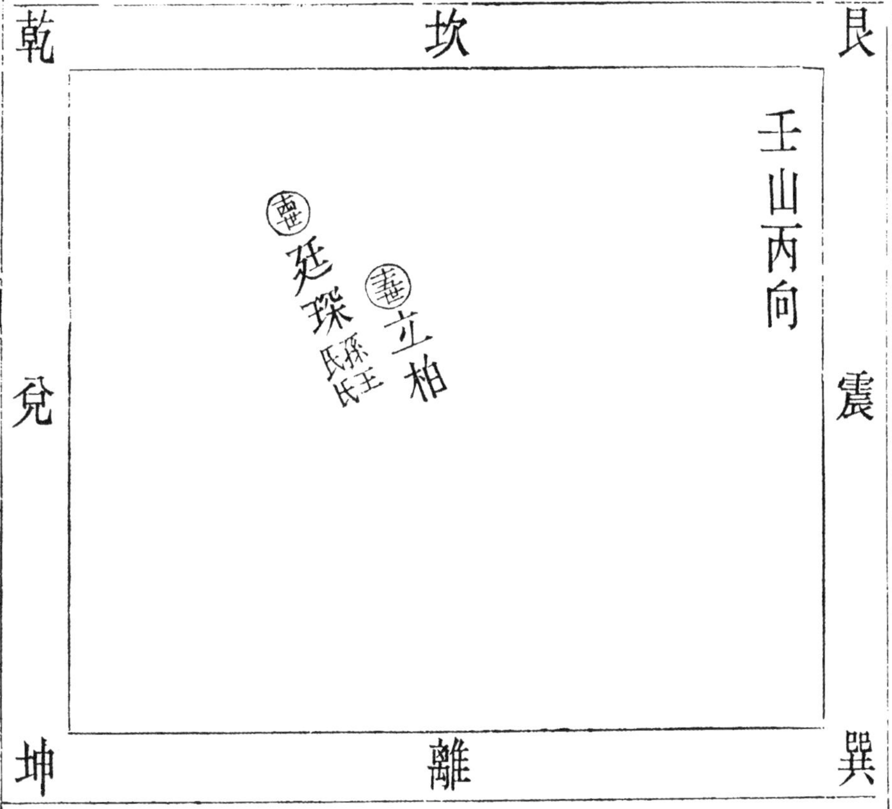

塋在二道溝西嶺南接第一塋東西與第六第十兩塋相毘連四至本姓兆二

第十塋

艮　坎　乾

亥山己向

（壽）立强

震　兌

巽　離　坤

塋在二道溝西嶺南接第一塋東與第七第九兩塋相毗連四至本姓兆一

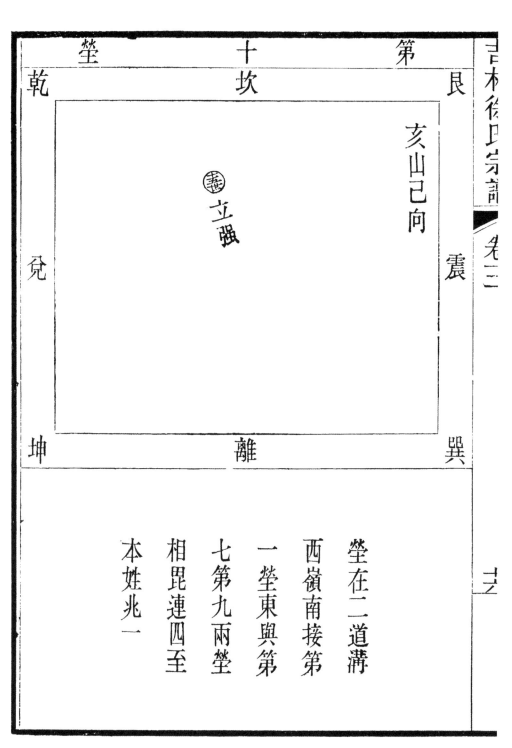

第十一塋

艮　坎　乾

乾山巽向

十五世　立塾　馬氏

震　兌

巽　離　坤

塋在二道溝西嶺東北距第二塋半里北至第八塋一里四至本姓兆一

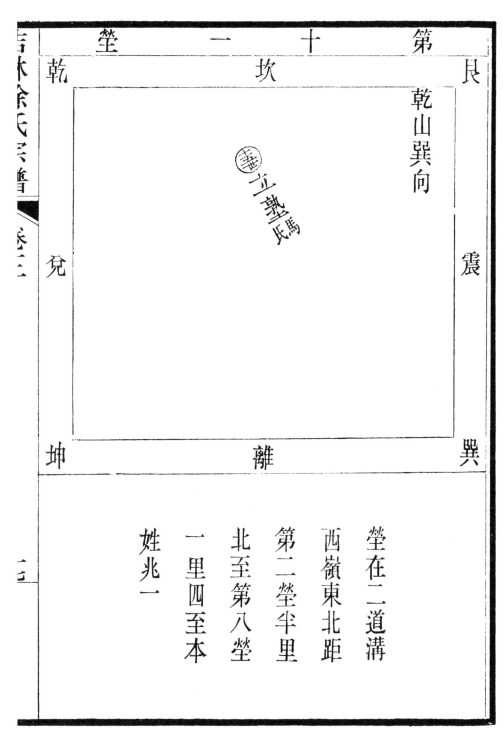

第十二瑩

艮　坎　乾

震　兌

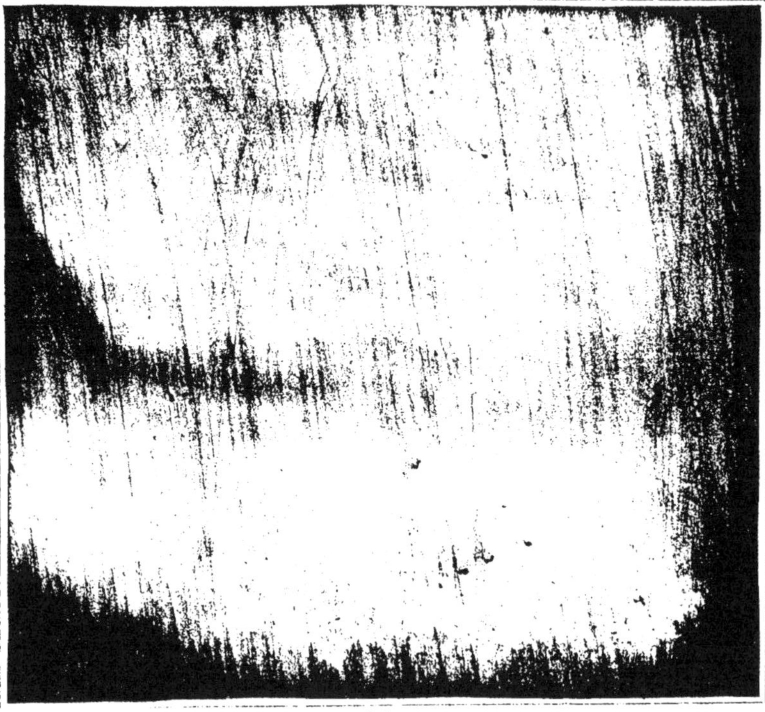

巽　離　坤

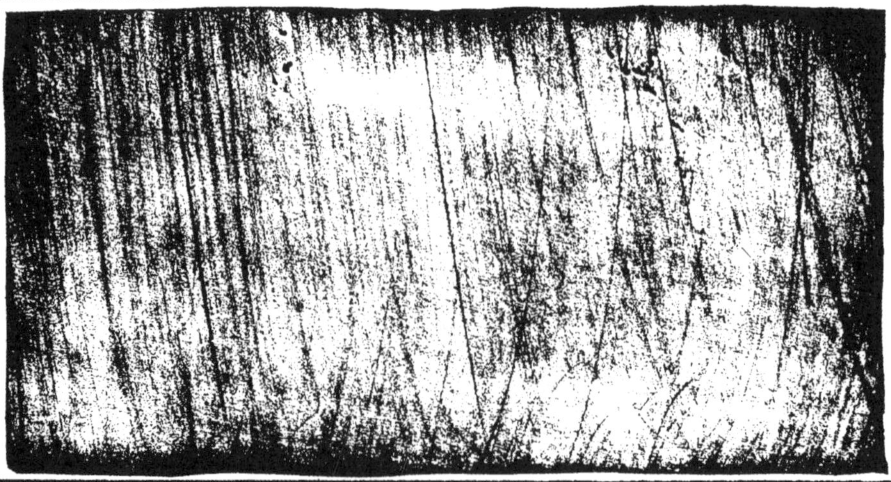

恩榮

元泰定帝加封徐偃王尊號

奉

天承運

皇帝詔曰春秋神不歆非類民不禩非族然載諸典祀俾萬世血食必其能禦大災捍大患而有功德於生靈者也衢州仁惠廟靈慈仁惠善利聖濟英烈王聰明正直仁義聖文功及於民血食惟舊所司復列其陰績上聞朕以神著盛德字育一方宜極褒崇以答神貽以從民請可特加封

仁惠昭靈聖德英烈大王欽承上命永惠下民謹誥致和元

年二月　日誥

奉
天承運
皇帝制曰嘉謨垂奕葉允昭世德之求殊寵錫公朝益展曾孫之孝祇承新渥用報曩徽爾徐俊德廼花翎黑龍江興東道加三級徐鼐霖之曾祖父敦修無斁垂教有方種德開先堂構益恢於來緒貽謀裕後箕裘克紹於前休懿矩攸彰恩施遂逮茲以覃恩貤贈爾爲通奉大夫錫之誥命於戲四世其昌久聚德星之慶九原可作允承褒命之榮國典洊膺家風益振

制曰綏柔佐治寵既被於外僚貞順垂休恩聿推於內德特敷

惠澤用播徽音爾于氏迺花翎黑龍江興東道加三級徐鼐霖之曾祖母肅雍可範令善堪模樹慈訓於後昆爰著鍾祥之德傳素風於奕葉式彰貽穀之謀允作母儀頻昭國典茲以覃恩貤贈爾爲夫人於戲四世承恩益煥朱綸之色九重錫慶洊邀丹誥之褒勤宣令問用闡幽光

宣統元年十二月十五日

奉
天承運
皇帝制曰表臣報績爰歸美於貽謀司仕詔功必溯源於繩武
殊榮洊被積代增華爾徐存倫迺花翎黑龍江興東道加三
級徐鼐霖之祖父衍緒開先垂休裕後孫枝挺秀聿昭樹德
之符世業丕昌大啟承家之學茲以覃恩封爾爲通奉大夫
錫之誥命於戲錫五章而敷澤珂里流光推三業以承恩德
門襲慶祇膺茂典益劭嘉名
制曰鴻恩錫類聿彰貽穀之休令範宜家益著含飴之媺式逢
慶典爰沛殊榮爾齊氏迺花翎黑龍江興東道加三級徐鼐

霖之祖母虔叶珩璜訓嫻圖史心莊體順著壼範於中闈善
積慶餘表母儀於奕世茲以覃恩封爾爲夫人於戲播蘭陔
之芳澤寵被重闈揚芝檢之徽音光流華冑榮章㳂逮令問
攸昭
宣統元年十二月十五日

奉
天承運
皇帝制曰夙夜宣勞事君資於事父雲霄布澤教孝實以教忠
特賁綵綸用光閥閱爾徐廷璿迺花翎黑龍江興東道加三
級徐鼐霖之父操修涓篤矩範嚴明術在詩書克啟趨庭之
訓業恢堂構實開作室之模茲以覃恩封爾爲通奉大夫錫
之誥命於戲錫天府之徽章殊榮下逮際人倫之盛美茂典
欽承祗服誥詞益勸勵翼
制曰家聲昌大夙彰式穀之休壼教賢明不替樹萲之慕適逢
上慶用錫殊榮爾呂氏迺花翎黑龍江興東道加三級徐鼐

霖之母敦習禮規恪循箴訓寢門治業著恆德於貞心閨塾授經樹慈風於雅範茲以覃恩封爾爲夫人於戲恩能育子挺杞梓之良材善必稱親被笄珈之茂寵祇承嘉獎益表芳儀

宣統元年十二月十五日

奉

天承運

皇帝制曰國有爪牙之選克宣力於旂常朝頒綸綍之榮必勤

思於水木用褒先世以大追崇爾徐廷璿爲黑龍江民政司

使加三級徐鼐霖之父樹德務滋發祥有自敦詩說禮克垂

樽俎之猷啟後承先預占瓜瓞之瑞茲以覃恩贈爾爲光祿

大夫錫之誥命於戲懋功有賞榮則溯於所生慶典欣逢恩

不忘其自出加茲寵秩尚克欽承

制曰令儀淑慎啟奕葉以凝庥懿則昭垂遡芳型而錫祉爰申

嘉命用表慈徽爾黑龍江民政司使加三級徐鼐霖之母呂

氏温恭有恪淑慎其儀範著宜家夙稟珩璜之訓仁能裕後
丕昭禮法之儀茲以覃恩贈爾爲一品夫人於戲紫綸賁寵
惟能歷世而寖昌彤管增輝庶使光前而媲美用承優渥永
席隆庥　俊德存倫祖誥軸文報局失慎行文禮部請補始終未發下也

大清宣統三年十一月　日

卷三終

家訓

敬天

天者理也　天理渾然在人心中　只要自家心上過得去　便合天理　世人全然不曉　一味胡行亂作　連自家的心都瞞昧了　甚有一種兇暴之人　背理逆天　天如何容得　孔子曰　獲罪於天　無所禱也　人於雞鳴昧旦　時時刻刻　問心過得去　便是敬天

敬祖

祖宗是我之所自出　四時祭祀　無非報本　祭品隨家貧富只要一點敬心　雖疏食菜羹　務要清潔　行禮不可草率

虛應故事　墳墓　須時時看管　不可令牲畜樵牧跐踐

若或不敬　是爲忘本　祖宗必不庇蔭

忠上

天下人民　對於所事之人　皆謂之上　皆宜効忠　作官的

貪酷害民　便是不忠　做百姓的　不肯納糧納稅　不守

本分　亦是不忠　貪酷害民的官　子孫必不昌　賴糧抗稅

不安本分的百姓　家道必不興　此不忠之報也　人不可

不省

孝親

人無父母　烏有此身　多少勤勞　多少愛惜　方得養育成

人　若或不孝　天理難容　故不孝之人　天必生不孝之子以報之　自古及今　昭昭不爽　諺云　汝不孝親誰孝汝養兒方知父母恩　此言有味　可以深思

兄弟

兄弟一塊肉　同氣連枝　除却自已　無有親似兄弟者　倘有性情乖張　動不循禮　亦當念父母分上　讓他幾分　若分分寸寸與之計較　感情必傷　父母見其不和　雖日食膏粱　衣以錦繡　亦無樂趣　即死亦不能瞑目於地下矣　況兄弟不和　其家必敗　推其不和之由　往往聽妻妾枕畔之言　與奸人挑唆　妻妾見小　奸人離間　從中取利　於此

二者　均宜嚴防　自能友于兄弟　可慰父母希望　古人有言　和氣致祥　不欺我也

教子

小兒六七歲時　智識漸開　教之識字　七八歲即入校讀書　大則功名成就　小則識字明理　世間第一要事　若父母有子　不教讀書　任其邪心野性　竟成惡人　做盜賊　犯刑憲　皆由於此　曾幾見讀書明理之人　肯爲盜賊者乎　無論如何窮困　必須設法讀書　平日教之勤　教之儉　教之早起宴眠　即有餘財　不令妄用　諺云　習慣成自然　若幼時姑息　不知教訓　後必亡身敗家　反不若無子之爲

樂也

戒慾

傷生之事非一　而好色者必亡　昔年友人完婚　其師命之曰　夫妻情好　緣分百年　當放得長遠　不可一二年中便用盡了云云　聞之令人悚然　少年血氣未定　宜以死生爲鑒　加意保養　假使貪戀傷生　非獨不得終養父母　反貽哀戚　爲大不孝　且無子則爲絶嗣之鬼　至多慾之人生子精氣不足　難保長命　皆一時不謹之故也　至別家妻女　雖行止不端　切不可妄生奸心　致損陰德　至宿妓尤屬不宜　花柳之鄉　多染贜病　往往累及妻子　萬惡淫爲

首　古有明訓　天地鬼神　時鑒臨之

自反

人之相爭相鬬無已者　只是看得自己是　看得他人不是　若能設身處地　將他比作我　將我比作他　便知我亦有不是所在　昔范忠宣有言曰　人雖至愚　責人則明　人雖至明　恕己則昏　苟能以責人之心責己　恕己之心恕人　不患不至聖賢地位也　豈僅息爭解鬬而已哉　勸善詩附後

父母

孝弟相連本一端古人並說可參觀弟兄夫婦皆和睦父母心頭
自喜歡

莫道形容似去年今年親已鬢毛斑却愁來日無多少急早承歡
向膝前

欲把親恩數一回天高地厚總難猜我能數盡青絲髮惟有親恩
數不來

人生養子最艱辛養子方知父母恩若使愛親如愛子世間不孝
有何人

父母如當有過時必須幾諫莫遲疑細將道理從容說話到眞情

自改移

一家內外盡相安父母心頭自喜歡媳婦賢良兒孝順不淸閒處也淸閒

但教雙親不凍餓箇人凍餓有何妨況且頭上靑天在孝子終須有下場

兄弟

兄弟同居忍便安莫因些小起爭端眼前生子又兄弟留與兒孫作樣看

同氣連枝各自榮些須財物莫相爭一回相見一回老能得幾時爲弟兄

兄弟同居莫積私恐無好日到他時此中自有天公在暗裏安排
你不知
莫聽旁人背後言恐因閒話起爭端我今有个良方法做啞裝聾
兩下安
莫說是非莫駡人歡歡喜喜在家庭一團和氣天開眼勝念南無
觀世音
婦人大半愛分家總說諸人欺負他全仗男兒明辨理連枝愛護
自芳華

婦人

誰家媳婦大如天不受公婆半句言你不敬親誰敬你依然留與

後人看

孝順公婆在在宜將來報應不差池堂前椅子輪流坐媳婦終有

做婆時

婦人總以忍爲先妯娌諸姑樂自然識得逆來須順受不虧人處

有青天

貧富窮通總在天終朝怨憾亦徒然能從苦處求安樂和氣致祥

自古然

兒女

愛兒愛女在心頭從小須將野性收試看家門親戚内幼時嬌養

大來愁

年紀輕輕未長成性情言語要和平先從孝悌端根本如此方纔是好人

小兒最易害生靈害了生靈罪不輕家長時常須教訓待人待物要慈心

繼母

前母孤兒最可憐後娘撫育要周全須知戴孝披蔴日他與親生是一般

不管前兒做壞人只圖得箇好名聲後娘如此心陰險縱子爲非罪孽深

你與夫君是一人前兒前女若親生饑寒病苦都關切他日方能

孝你身

行事

戒酒還當要自持臨杯少飲最相宜試看酒醉遭殃者醒後災生悔已遲

戒色應如臨大敵存心常若鬼神隨若然一步來行錯奇禍奇窮悔莫追

淫人只道人不知那曉青天不可欺爲君一一來記帳非常慘報卽相隨

從來淫惡最難逃卽速回頭保守牢更要勸人不二色一生清節是英豪

戒財卽是戒貪心可歎財奴死守金何不分些行善事隨緣方便福來臨

戒氣以忍最爲眞心意和平大地春莫道受辱非漢子從來天佑喫虧人

何事紛紛爭一墻讓他幾尺殆何妨萬里長城依然在不見當年秦始皇某相國因子與鄰人爭墻以此戒之

省察

心過多多不一端各人檢點莫嫌煩一端改得一端好無愧寸衷夢亦安

人騎駿馬我騎驢仔細思量我不如回頭又見推車漢比上不足

下有餘

常言飽暖生淫慾又道飢寒起盜心但能守富安貧苦頭上青天

不絕人

十分智巧用三分留下七分與子孫若把十分都使盡兒孫多半

不成人

我會饒人不是癡寬洪大量怨來稀試將冷眼看螃蟹任爾橫行

到幾時

禍福無非自己求不安本分定多憂是非只爲多開口煩惱皆因

强出頭

交往

朋友本在五倫中仗義疎財彼此同如若家寒須盡力千金一諾是英雄

朋友之妻不可欺虧心作去有天知待當果報臨頭日徒自捫心後悔遲

節用

量體裁衣最得宜銀錢不可不矜持常將有日思無日莫到無時想有時

可憐世上守財奴刻薄成家天理無等到死時帶不去子孫不久賣田廬

打扮兒童捨得錢衣裳鞋韈揀新鮮只圖好看撐門面過費將他

福折完

爲善

自己知道自己錯切莫游移憚改過改得過時見得天不然見天無閃躲

畜生原是人來變人畜輪迴古到今不願披毛並帶角勸君休使畜類心

婦女不必去燒香只要誠心對上蒼自有堂前活佛在急宜頂禮獻膏粱

菩薩本是軟心腸不愛東西愛善良孝敬雙親重夫主此心勝似去燒香

積財不如積德好積德之人自温飽而且後代子孫賢天理從來
不顛倒
不能喫素奉長齋特殺之端切莫開就遇婚喪與祭祀也宜惻隱
在心懷

防火

火起無常勢莫當時時刻刻要提防堆柴積草虚空處莫近茶爐
與竈旁
早把厨房檢點清何須消夜坐深更缸中水少宜挑滿炭滓柴灰
看箇明
常恐家庭犯火星總宜爲善格天心一門孝友祥雲護熒烕回車

百福臻

此詩乃天籟令小兒熟讀形之歌詠培養性靈以爲入德之門

雅俗所弗計也憇園老人集

宗約

一婚姻

甲嫁娶宜遵婚律不得過早

乙凡議婚宜察男女之性情並家庭習慣相等然後結親不得徒慕富貴貽終身之憂

丙結婚固由父母主持然亦須商之族長詳議可否不可議及貨財致違男女之本願女家圖財而不擇婿男家圖財而不擇婦流弊滋多

一喪葬

甲族中有喪不拘親疏如無事故得耗均應赴弔臨喪舉哀按照服制立製孝服服之

乙族人弔唁主人待之以禮不設酒肉外客不在此例

丙葬必擇地然不可泥風鑑之說朱子有言水泉風蟻皆宜預防但求他日不爲道路不爲城郭不爲窰竈又爲耕種所弗及斯爲佳壤惟墳域不必太大如能祖孫父子同域固佳否則另選高燥之地亦可倘有無力營葬者合族代謀以免暴露

丁古者喪葬自天子以至於庶人各有定期今人往往以柩不速出爲孝又或爲風水之說所悞遷延歲月以致生死兩不相安不孝之罪莫此爲甚擬以後葬期無論如何不准太遠以三個月爲限如歿於冬日地凍不宜啟土亦可

稍緩但須通知族長聲明理由如有不守規訂故意遲緩即由族長邀集族人以家法重責並一面勒令安葬

一嗣續

甲不孝以無後爲大如嫡室不能生子不妨選置側室以延嗣續倘仍無嗣則於近支擇親且賢者以爲之後

乙無嗣立後宜遵宗法先於同父周親內序立無則從堂兄弟暨五服內兄弟之子擇立如均無人可立亦准兼祧

丙異姓亂宗例禁甚嚴如有抱養異姓之子爲嗣者除將抱養之子勒令歸宗外仍將抱養之父母懲以家法以爲亂宗者戒

丁族人或膺差異地或謀生他鄉因而病故者其子孫無論有力無力均應早日扶櫬回籍俾正首邱但不得以三月之例限之

祭祀

甲祭祀規則於宗祠章程内另訂之

乙祭田現在無多此後凡富而有力者或量力捐助或有絶產亦儘數撥歸以備將來族中一切公益之用

丙景和祖到吉郎住永吉縣吉林府郎之尙禮鎮九台二道溝郎於此建立宗祠示不忘本

丁祭日亦於宗祠規則中規定之

一和族

甲族中婚嫁喪葬各事實在無力者由族長查明情形公議

由本族有力之家量爲資助或由宗祠公款内協濟以完

成之

乙族中有事或犯禁戒必先由族長評論是非以了結之若

或不遵卽由族長招集闔族於宗祠内以家法治之以期

改過自新仍敢和好如理曲者桀驁不馴再由族長送官

懲治

丙族中有事若不請族長評論遽訟之於官者卽爲顯違家

法由族長招集族人於宗祠中究治並鳴之於官以違家

法論

丁族中如有忤逆不孝者其父母不能處罰卽由族長送官

懲辦

戊有服尊長無故欺淩卑幼由族長察明罰款充公無服者

從重如或不遵公同送官

己族中如有引誘幼愚子弟賭博遊蕩及違法之事一經父

兄控訴族長立卽查明引誘之人重責不貸

庚族中人類不齊倘有不肖子弟不遵約束胆敢欺淩鄉愚

一經指控族長立卽招集族人扭至祠堂重責以示懲儆

高祖考景和公傳

十五世鼐霖撰

先高祖景和公世居山東之昌邑少聰敏十三歲讀畢六經爲文操筆立就家中落年二十即課讀資以養親嘗慨然曰丈夫志在四方安可老於牖下乎時某貝勒由江南凱旋道經昌邑與語悅之攜之北來比至都遇滿洲某協領同寓談甚洽延爲記室某係吉林駐防事竣相將而東因見吉林山水明秀謀久居然爲八旗駐防地不容漢人插足久之禁稍弛謀於居停居停與吉林分府某丞善偶語及之則立允牒請將軍奏歸紅册奉旨報可遂古籍焉此乾隆五十九年也乃於永吉縣（即吉林府）之尚禮鎮率曾祖俊德等闢荒以耕諭之曰吾家世耕讀也不可忘本安用官爲且祖訓

有今日不可爲官之條於是且耕且讀家已小康孫十一人各有

職業一門熙熙鄉里榮之卒年八十有三此先祖母齊太夫人口

述然不過十之二三未能詳盡也

先祖正宗公傳

孫鼐霖撰

先大父正宗公諱存倫俊德祖第四子少有至性孝友天成讀書明大義不拘拘於章句雅以古道自持試而不售人以爲憾年二十見曾大父經理家政頗形勞頓乃自請曰兒已成人可以了事願父頤養家政兒自任之先曾大父不允曰汝不曉事言何易易嗣有困難之事挺身直認兄弟戚友咸無間言先曾大父安之亦不阻也又於理事之暇舉古今軼事可以悅親心者嬉笑以進先曾大母顧而樂之曰汝年二十餘猶孩子氣答曰兒本孩子何言猶也乃以首投先曾大母懷先曾大母撫之笑不可仰一家環侍爲之鬨堂其盡心色養如此洎先曾大父棄世所置商店半多賠

累當事者侵欺有據先大父暗給以資令其回籍卽停止營業人或詰之乃曰名譽爲人生生活之資不能不爲曲全人皆服其雅量又精算學倉中積穀多年欲糶之倉卒無可統計先大父環步於外上下以尺量之屈指計數不差升斗老僕方姓傭工逾二十年辭去時嘗語人曰家庭和睦無逾於此者二十年來閨門之内不聞勃谿之聲世所少有也曾叔大父因食指日繁謀析居先大父進曰姪輩兄弟互相友愛不願聞是言叔父旣有此心敢不聽命請示所以先曾叔大父曰有我在爲汝輩處分分如不分我百年後汝兄弟等萬一因事生隙再言析居自外人視之未免有爭競之嫌我不願汝兄弟蒙此惡名故及吾身爲之耳於是析産爲

二優者請歸曾叔大父劣者商之兄弟共任之然雖分爨遇事無不請命猶一家也且生平好施與鄰里鄉黨無力婚嫁者即助多金亦所弗惜壽七十四無疾而終親友聞之無不隕涕曰吾儕有事賴此老一言而決今何望乎其誠能動物有如此者易曰積善之家必有餘慶鼐霖等今日豐衣足食雖遞遭世變猶能自存皆先大父積德累仁之所賜也僅述始末以示後人

先嚴驗脩府君傳

先君子諱廷璿字驗修先祖考丈夫子三　先君子其季也少英異體貌雄偉七歲讀書解大義十二通五經並讀漢書文選諸篇學爲文詞氣奔放如風雨驟至字法魯公得其神髓同里于蓮舫先生許爲大器十八歲赴奉天應童子試連號有滿洲生艱於文乞　先君子爲之捉刀笑應之遂以餘興書二藝與之迨揭曉　先君子見屛而滿洲生入泮矣乃踵門謝爲　先君子淸還旅費且酬東錢千二百貫郤之不可訂交而別比抵家以其事敬稟　先祖先祖斥爲非義痛訶之長跪陳悔過且請痛責　先祖怒始釋

先祖病醫藥罔效衣不解帶者累月不得已夜半焚香告天請

以己算益父算至誠所感宿患若失由是研究醫學上規岐黃之書下暌朱李之所著述萃擷羣言析以至理嘗謂張仲景傷寒論爲冬月正傷寒而設不能治春夏秋三時之熱病喻嘉言醫門法律辯駁王叔和序例所講傷寒可謂傑出但於温熱病未甚明析也劉守眞傷寒直格吳又可瘟疫論二書並爲熱病之宗而立論未暢挂漏甚多每惜俗醫心既無主路又多岐往往借傷寒一書以治三時之熱證以悮億萬之生靈心甚悼之一時業醫者聞之無不頫首歎爲未之前聞　先君子既負盛名四方延醫者無虛日以胸中之羣書臨指下之萬證悉心參究按脈切理無不應手奏效貧賤者求診則欣然往有力不能致葠苓者反資助之全活

何啻萬計尤精痘疹著爲精言一書按方施治計日論證不差毫釐且生平濟人之急救人之危排難解紛視爲固然一時婦人孺子無賢不肖皆呼之爲徐三先生而不名　先伯廷璀公好任俠素慕郭解之爲人路抱不平致傷人命　先祖怒不可解先君子慰之曰請兄暫避兒爲了之乃潛赴省會就有司申理主者以先君子貌雅而言文不類殺人者判爲悮妄而斥首告之人案遂結　先伯遂脫然無累從此閉門種菜以自遣曰吾弟曲全之心死生不忘也其友于情深有如此者迨　先祖棄養喪葬如禮惟恐　先祖母憂每日晚率子姪輩齊集堂上說古今故事雜以歌謠意如彩衣之舞　先祖母樂之幾於　先祖在日無異也　二

伯廷璽公友愛　先君子異乎尋常　先君子時外出至晚不歸則挑鐙以待往往坐以假寐不見面不肯更衣睡也　先君子屢勸之若未之聞是以　先君子嘗語鼐霖曰汝見　二伯之待我乎我愧無以報汝等不可忘也　二伯既勤且儉田間耕稼必躬督之以致積勞病故從兄立增領其事時有違言意在析居　先君子正色告之曰汝　祖母在此事斷不能行勿妄想也議遂寢逾年　先祖母卽世哀毀成疾杖而後起料量喪葬各事無不盡禮殯之日會葬者以千計人以爲榮從伯兄立增復申前請揮涕允之乃告　伯父曰姪輩欲之不能不曲從也鼐霖時方幼讀不敢贊一辭惟課讀甚厲每從塾中歸必問一日之課程解經論史

必求至當十七始命出應本郡試頻行諭之曰汝讀書尙識大體今日出外我尙放心惟交友用財二事宜格外謹慎因請問其目則曰苟非正人萬勿與也苟屬分外萬勿取也必如此乃可以言作人宜謹識之鼐霖奉以周旋自甲午投筆從戎涸跡政界近三十年雖疊遭政變於驚濤駭浪之中尙無過行者皆　先君子之教基之也惟躓於棘闈未能副　先君子期望之心生平引以爲恨　先君子爲學一本於程朱嘗言實至者名必歸格致卽治平之本然當今之世苟無科名以輔之抱道自高功業何由表見但非道干進亦儒者所恥孔孟之周流乃不得已要在利用機會耳人皆以爲知言年未三十卽棄書代　先祖理家政未能出而問

世展布所學士論惜之壽六十有二越九年鼐霖以勞績知縣疊升黑龍江興東兵備道朝廷推恩褒其三世 曾祖暨 祖父均封通奉大夫 先君子亦如之又明年以籌邊功賞加二品銜擢民政司使 先君子亦晉封光祿大夫並及 曾祖暨 祖父凡此殊榮皆 先君子積德累仁有以致之也回憶六十年中未得享一日安閒之養嗣雖兩膺錫命弗克及身而没世之報已無補於萬一迨民國己未又俛從鄉人之請出長吉林意在澤被鄉邦藉慰 先靈於地下不料願與心違未竟厥施即罷職還京闢憩園於禁城之北杜門謝客即以 先君子之教教諸子謹撮概略載之家乘以示後人願世世子孫勿忘前修俾書香永續是則鼐霖

之所厚望也

不孝男鼐霖謹述　如姪曹秉章拜塡諱

立本公傳

再從弟鼒霖撰

立本公廷儉從伯之長子幼有至性讀書明理於物無欺廷儉公力耕課子辛勤備至公於讀書之餘代爲操作廷儉公安之遂棄書而耕每有所作輒先示意可則行否則止也廷儉公見其處事精詳家政悉委之受成而已其弟立岑性執拗久而化之怡怡如也子耀先幼曾隨余就外塾讀執經請業昕夕不違時廷儉從伯卒立本公哀毁逾恒喪葬如禮耀先憫父劬勞亟罷讀而代執役有父風焉孫鑄鑾能自立入政界得荐任職一門和氣稱孝友焉

徐氏馮氏合傳 鈔永吉縣志

章華撰

徐氏吉林徐存倫之女長春縣懷惠鄉郭其昶之妻也徐故吉林望族幼嫻姆訓習女紅舉止齋莊雖戚族不恒覿其面年十九歸其昶事舅姑主中饋夙夜潔羞必可親意其昶以名諸生好讀書不事生産徐益勤織紡以佐家食其昶以劬學病没徐年二十有二遺一女呱呱在抱然不欲獨生日夜泣血水漿不入口郭翁急責之曰而舅姑老矣乳下女尚嬰忍死耶何以見而夫地下則强起進飲食斂容操作如其昶在時且有加郭翁媪若忘其子之死也翁媪衰病嘗侍湯藥不解帶後相繼考終脱簪珥以營殯葬悉如禮撫幼女成年而嫁之吉俗有贅婿爲子者或以爲言則正色

曰宗祧不可亂乃以其昶從子霖爲嗣且爲納婦教之服農課其樹藝霖亦勤儉能奉母訓稱小康焉民國十三年里人遞上其事達於內務部褒揚如例而徐之族姪名立中者其妻馮氏以節聞

馮氏吉林馮德新之女歸同邑九台二道溝徐立中爲室年二十四立中歿馮既痛夫逝又自傷無出誓以身殉勸慰者窮於辭其父德新責以大義始泫然曰家貧姑老勉留餘生代先夫奉養亦未亡人之責也於是忍淚操井臼縫紉昕夕靡倦家計賴搘拄事孀姑郝氏無不當意里人義之爲召其家族議立嗣以族姪耀彩承其祧姑以壽終生養死葬皆洽於禮民國九年吉林士紳請於有司曰馮氏年七十四矣雖歷嘗艱辛精神猶康健含飴弄孫之

餘佐其子經理家計不稍倦伏念該氏以貧窶孀婦守志事姑數十年如一日閨閫不可多得若不亟爲褒揚何以彰幽德而風里閭並具列事狀轉達內部褒揚與徐氏同

贊曰徐女徐婦姪從其姑柏舟矢志綽楔表閭彤管芬芳令德不孤襪履是獻瓶罍靡恥有節竹竿無波汫水剡彼苕華以諗惛史

本族遷徙記

江蘇崑山縣爲吾族原籍洪楊變後無可查詢

山東黄縣西鄉村名舘上　伯儀祖由此遷居昌邑

山東昌邑縣村名石灣店族人尚多　景和祖由此徙居永吉縣

永吉縣大背徐氏乃四世　從正公系十三世　鴻禮公尚常往來

德惠縣岔路口徐氏共三支　一爲七世　浮雲公系其十三世咸成公尚存　一爲岔路口北屯七世　月星公系有支譜十三世邦憲尚存　一爲岔路口街徐氏與東城子一

支同爲五世　可學公系其孫天章三子琳珮珩琳珩兩支均在山東珮公之曾孫十一世殿梓生贊周贊周生士恒士恒生繼堯繼舜繼堯子文廉朝陽大學畢業此支人口極繁大概山東多於德惠

黑龍江望奎鎮徐氏乃六世　鉢公系子立山其十四世孫自新曾接見數次

以上均爲　伯儀祖後裔

同宗異派記

上虞縣之管溪　此支最繁盛有譜者數支

遼東蓋州衞　今改縣

遼東錦州衞　今改縣

雲南平越衞　今改縣

北京

順天易縣

廣東省會

長安城内

舟山

黄巖縣

江甯府　今改縣

松江府　今改縣

河南省會

以上各派半由管溪分徙

新安縣

歙縣徐村朱方傳溪均豐公後裔

淳安縣劍溪

南陵縣

青陽縣

析津府　今改天津縣
休甯縣青口　共三支
祁門縣塘頭　共二支
蘇州府　今改縣
崑山縣　圭公後裔昊公移此
福州　今改縣
石棣縣
繁昌縣
漢川縣
清甯縣

蕪湖縣

銅陵縣

太平縣

湘潭縣

定遠縣

弋陽縣

宿遷縣

以上各派均由新安分徙然多在明代以前嗣後如有上載各處認同宗者可舉以語之不致宗支混淆妄爲坿會故就各譜所載詳爲登記不嫌贅也

徐氏宗譜引義

廬陵歐陽氏曰族之爲言簇也尙夫聚而有別姓之爲言生也本其所自生氏之爲言示也示其所自分自姓統氏分之制變而支派日已紊矣大宗小宗之法廢而族屬日已疎矣於是不變者累數千百年而其子孫動且萬計賜者別者更者冒者紛復交錯於其間愈以難明而後譜牒之辨殷矣

五峯胡氏曰甚矣譜牒之不可不作也譜牒作則昭穆有序而疎戚不遺百世之下猶足以知其分殊而一本不作則喜不慶憂不吊不以至親視爲塗人者鮮矣

默齋游氏曰人之生始於父母推而大之世數雖遐皆同一氣也

誰無惻隱之心霜露之感甯不興懷特未之思耳宗法既壞則無宗子何由以致其親睦之意獨有譜牒一事猶能稍知宗族而收其名系是以前輩多留心焉

林公石氏曰凡今之士夫以門望相高下以爵秩爲甲乙有其人則譜隨而詳以存無其人則譜隨而略以遺譜其可略且遺也耶

又曰凡爲人後稍有知識者當以譜牒留心苟前乎此而譜不立吾不知其誰始固不能無憾若後乎此而譜不立則吾姓子若孫之罪也譜牒之作詎容緩哉

深山董氏曰吾聞之傳曰先祖有善而弗知曰不明知而弗傳曰

不仁此譜之所由作也

伊川程氏曰譜之要在明一本而濬其源所以尊祖敬宗也究萬派而清其流所以別親踈之遠近也辨昭穆等降之殊所以識尊卑之次第也隆吉凶慶唁之禮敦孝友睦婣妊卹之行所以崇宗族之典禮也

老泉蘇氏曰太上立德其次立言其次立功譜牒者亦立言之一端也又曰三世不修譜則同小人矣

東萊呂氏曰三代之時曰姓者統其祖考之所自出者也百世而不變者也曰氏者別其子孫之所自分者也數世而一變者也天子建德因生以賜姓其得姓雖一而子孫別而爲氏者不勝

其多焉尋其流可以知其源尋其葉可以知其根抑何易哉自秦漢以來氏族之制絶無僅有可謂簡而易知者矣然人罕有能辨其源者王之氏一也吾不知其出於元城之王耶宜春之王耶邙城之王耶劉之氏一也吾不知其陶唐之劉耶奉春之劉耶元海之劉耶其能辨而不惑者鮮矣氏之馬者未必能辨其爲馬服之馬及馬援之馬也氏之石者未必能辨其爲周微之石及後趙之石也古之氏族繁而知之者反多今之氏族簡而知之者反少由譜牒之明與廢而已以是知譜牒之學不可不講也

象山陸氏曰作譜須要明白於其祖某處分來某處分去枝幹脈

綌條理不紊方纔是譜如或相傳失眞考求無據則亡諱亡世直書無隱此司馬光之圖系則歐陽公之譜例可倣也

南陽公曰余思祖父生我子孫猶如樹木一般枝上生枝生生無窮則枝葉之在本根者不能悉達然後有生者有枯者榮者瘁者故子孫數世後其中有富貴貧賤之不同智愚賢不肖之不一亦理勢之自然者也作譜者常以是爲取舍焉殆不思之甚也陶淵明贈長沙公云同流分派人異世踈慨然寤嘆於茲厥初老泉族譜引以自始而衰而至於無服其初只一人也吁果念厥初知自一人而蕃衍盛大以至於今始終相聯又何計乎服之遠近

唐人詩曰昭昭穆穆在百世又何踈戸曉應難及作圖爲細書蓋

謂譜系之不可無也

籌議剏建徐氏宗祠規則

一我高祖以下各房廬墓多在永吉縣城西北尙禮鎭九台二道溝故於二道溝建立宗祠就鼐霖原有之房基建立並捐資五千圓以爲營築之費

一凡我曾祖以下之本支以後子孫發達如有捐置地畝房屋者均隨時收入祠產如遇有應行修建之處獨任出資或出資備預修建均隨時交祠中值年之人另款存儲

一祠堂崇奉祀位仍自北遷始祖卽景和公緜延下逮世守無替正堂三楹中龕奉景和祖以下至

曾祖各神位東龕奉

伯祖祖叔祖各神位西龕奉

父叔各神位東西夾室各一備藏祧位

一祠堂每歲春秋二仲擇日致祭祭畢合族會食籍此餕餘敬念

祖德益敦親睦

一每歲清明中元十月朔在永吉縣各

先塋均由祠堂派人祭掃清明塋上應添土塋樹有枯者闕者

房屋神道有應修理者均隨時分別補種修築

一祠內置備祭品及各種器具均由建築費項下開支春秋兩祭

先塋祭埽暨祠塋各項修理補種樹木等費均由祭產項下開

支
一祠堂祭禮另詳
一祭時凡在永吉縣自
曾祖俊德公以下之各支均來與祭曾任官職者著制定祭服
各依其等無官職者著乙種常禮服（藍袍青馬褂小禮帽著靴）
一祭時如有在籍在江在省及其他各處遠來各支族亦均得與
祭
一高祖以下曾祖居長曾祖以下伯祖居長伯祖以下第一房爲
承祭之大宗
一祭時如應承祭之子弟遠宦或因事外出及幼穉未能行禮臨

時公推曾祖以下子孫年輩居長者主祭

一祠堂由我曾祖以下各房籌建祠中各事應卽歸曾祖以下各房子孫輪流經管

一經管祠事須年在四十歲以上者按輩行排列公推公正者值年（值年規則另定）

一祠堂門堂房舍之間數丈尺基地四至均另繪詳圖備考

一祠産地畝座落地名畝數契據號數置購年月每年糧賦數目均另載清册並報明縣署存案契紙卽粘存册內輪由值年保管

一祠産每年完納糧賦掣回串票應粘訂於册備考

一祠產租穀所入除出糶之外如有餘穀應仿社倉辦法妥爲存儲遇時推陳出新俾資積蓄不准挪移如存糧多可賣出積資另購地畝作爲祭田祠產

一祠中款項須存殷厚商號計月生息不准挪借

一祠中款項除各項支用之外如有贏餘亦應存商號生息或添購地畝或籌辦森林積有成數就祠堂附近之處先立小學堂一所以教族中子弟再有積蓄籌設義莊以備周卹族中貧乏及津貼婚葬之費

一族譜十年一修歸祠堂經辦

一同族之人無論住居遠近生死婚嫁學堂畢業任受官職住址

葬地均須隨時報祠毋得遺忘

一凡我族人暨後世子孫如有不肖不守祠堂章程擬廢棄祠產者合族之人均得控懲之倘更有不守家規不務正業之子孫必爲祖宗所厭棄爲族人所不齒應不准預祠祭如在大宗即不應任承祭之重任

鼐霖手訂願本支子孫世世遵守

徐氏宗祠祭禮

合祭之禮既擇日舉行徧告族姓成人以上者屆期咸集由曾祖以下長房子孫年齒居長者主祭先祭三日戒執事讀祝一人通贊一人引贊一人執爵一人皆以子弟之長者爲之主祭暨與祭者咸致齋一日

右戒執事齋

祭前一日主祭禮服詣祠率執事灑掃拂拭務令潔蠲設供案於中龕前其前俎二又前香案一鑪鐙燭臺具設祝案於香案之右設饌桌一於堂右分陳爵鉶敦酢槃及醯醬其上設盥盆於階左供案設鉶二敦二籩六豆六辨祭器之實俎食羊一豕一鉶實羹

敦實飯籩實時果餅餌魚腊之屬豆實炙胾時蔬之屬

右陳設具牲饌

屆日昧爽主祭以下各具祭服祭服未備者得用乙種常禮服詣祠執事者然燭明鐙實籩豆之實於供案陳羊豕於俎陳祝辭於祝案實水於盥盆加巾通贊引贊立堂左檐下右嚮諸執事分立兩序端相嚮通贊贊就位主祭詣階下拜位正立與祭者位於主祭之後各以行輩序列重行內嚮通贊贊參神引贊引主祭陟階左盥洗畢升自階左入堂左門詣香案前執事二人一焚香一酌酒執爵者進爵主祭酹酒於茅盆奠爵於案引贊引主祭退出右門復拜位通贊贊跪拜再拜興主祭及與祭者皆再拜興通贊贊行初獻禮執事

者薦醢醬於案引贊引主祭詣香案前立執爵者奉爵通贊贊初
獻爵主祭受爵拱舉授執爵者引贊贊初奠爵執爵者奠爵於案
通贊贊行讀祝禮引贊引主祭詣讀祝位正立通贊贊讀祝祝取
版立主祭之左讀祝辭畢復版於案通贊贊復位引贊引主祭復
拜位通贊贊跪拜再拜興主祭及與祭者皆再拜興通贊贊行亞
獻禮執事者和羹實於鉶實飯於敦薦於案引贊引主祭詣香案
前立執爵者奉爵通贊贊亞獻爵主祭受爵拱舉授執爵者引贊
贊亞奠爵執爵者奠爵於案通贊贊復位引贊引主祭復拜位通
贊贊跪拜再拜興主祭及與祭者皆再拜興通贊贊行終獻禮引
贊引主祭詣香案前立執爵者奉爵通贊贊終獻爵主祭受爵拱

舉授執爵者引贊贊終奠爵執爵者奠爵於案通贊贊復位引贊
引主祭復拜位通贊贊跪拜再拜興主祭及與祭者皆再拜興通
贊贊行受福胙禮引贊引主祭詣香案前立執事授祝以胙槃祝
受而抄取供案酒飯少許及胙肉置於槃通贊贊飲福酒引贊贊
受福酒祝致福酒於主祭主祭受而拱舉仍授執事者通贊贊賜
福胙祝致胙肉於主祭主祭受而拱舉仍授執事者引贊贊謝福
胙通贊贊跪拜再拜興主祭即於受福胙位再拜興通贊贊復位
引贊引主祭退復拜位通贊贊送神跪拜再拜興主祭及與祭者
皆再拜興通贊贊讀祝者奉祝辭詣燎所祝奉祝辭由中門出主
祭離位西嚮側立俟祝辭過仍復拜位立通贊贊望燎引贊引主

祭詣燎位焚祝辭眡燎畢引贊引主祭仍復拜位立通贊贊禮成
主祭及與祭者各退執事者徹祭器潔滌謹藏之乃分胙徧須於
族屬

右合祭禮節

歲逢令節薦新物先一日潔備果饌是日主祭夙興率族姓子弟
祭服詣祠然鐙灑掃設供案於中龕前陳時果二槃庶羞四槃匕
箸酒琖具正中總香案一鑪鐙具陳設畢盥洗主祭及族姓子弟
依行輩肅立香案之前執事者焚香舉壺注酒於琖徧獻一巡退
至香案前祝奉祝辭讀畢主祭以下皆再拜興徹饌各退

右時節薦新

因事致告先戒應祭族姓届期會行禮是日夙興率子弟祭服詣祠設供案於中龕前主人及與祭族姓依行輩在香案前肅立執事者焚香進果酒如薦新禮祝奉告辭（隨所告異辭）讀訖退主祭以下皆再拜興祝焚告辭於庭徹饌各退

右因事致告

新位入祠既擇日徧告族姓成人以上者届期咸集行禮先一日戒執事致齋陳設具牲饌悉與合祭同其日昧爽主人以下各具祭服（祭服未備者得用乙種常禮服）奉新位於輿詣祠暫停階下執事者然燭明鐙設席陳器如合祭禮主人乃奉新位出輿設於　祖（考妣）位之次主人及族姓序立訖通贊贊參神如合祭禮通贊贊行初獻禮主

人先詣中龕案前獻爵畢祝讀祝辭曰維年月日孝孫某敢昭告於　始祖考某府君（有官爵者加某官爵下同）　始祖妣某　人（有某封者加某封下同）　第二世先祖考某府君　第二世先祖妣某　人三世四世五世六世均依神位謹書　高祖考某府君　高祖妣某　人　曾祖考某府君　曾祖妣某　人　祖考某府君　祖妣某　人之靈（不稱爾者以此時之爾乃主人之祖祝辭所稱皆從主人）今以孫子某官某甫（若以配祔並稱孫婦某封某氏）新位入祠謹備牲醴用伸薦告尚饗次詣新位案前獻爵畢祝讀祝辭曰維年月日孝子某敢昭告於顯考某官某府君（若以配祔則並稱顯妣某封某人）之靈今以新奉神位入祠謹備牲醴恭伸奠獻尚饗亞獻終獻送神眂燎並如合祭禮通贊贊禮成主人退就庭左祝改題

左右昭穆神位（或以族姓之善書者爲之）子弟之長者二人先奉應祧之主藏於東夾室再拜興復移曾祖考妣位於高祖故室（兄弟遷則並遷祧則同祧）再拜興主人乃奉新位安於祖故室主人以下皆再拜興執事者徹祭器潔滌謹藏之各退

右新位入祠

孟春合祭祝辭

維年月日主祭孫某敢昭告於

始祖考某府君

始祖妣某夫人之靈曰伏以宗祠之祀祫祭爲隆爰卜孟春秋吉辰躬修合祭盛禮

溥長之澤瞻

厚德而已遐感慕之私託

洪慈而申薦謹以

第二世先祖某府君

第二世先祖妣某夫人

第三世先祖某府君

第三世先祖妣某夫人等餘依神位謹書合食仰惟

鑒格歆此精衷尚

饗

端午薦新祝辭

維年月日孝孫某敢昭告於
顯高祖考某官某府君
顯高祖妣某封某夫人
顯曾祖考某官某府君
顯曾祖妣某封某夫人
顯祖考某官某府君
顯祖妣某封某夫人
顯考某官某府君
顯妣某封某夫人均依神位謹書之靈曰今以地臘良辰天中佳節門懸
艾綠酒泛蒲香

世澤長留追
清徽而莫逮粢盞敬薦撫時序以增思謹以
某親某府君等
某親某氏等祔食尚
饗

中元薦新祝辭

維年月日云云如前今以方秋厥初既月之望昊天始肅繁露未晞感
時序之流遷仰
光靈而怵惕式陳嘉薦用展孝思謹以云云如前

中秋薦新祝辭

維年月日云云如前今以律應南呂節紀中秋物御氣以夷傷心感時而凄愴奠茲桂酒佐以椒漿永想遺型詎勝追慕謹以云云如前

冬至薦新祝辭

維年月日云云如前今以陰謝陽生晷長水盛律移舜琯節次周正撫南至之令辰循東京之故事載深感慕式薦馨香謹以云云如前

授官告辭

維年月日孝玄孫曾孫孫子某敢昭告於

顯高祖考妣某官封某府君氏

顯曾祖考妣某官封某府君氏

顯考妣某官封某氏府君之靈曰某以某月某日授某官仰承
先澤祿位濫膺詎簿質之能勝實
餘慶之所及謹以酒果用伸虔告尚
饗

解官告辭

維年月日云云如前某以某月某日解某官歷年奉職敢云無負初心
此日歸田猶幸未忘
先訓謹以酒果用伸虔告尚
饗

生子告辭

維年月日云云如前某之婦某氏某月某日生子名某際桑弧之高懸卜椒實之蕃衍喜深綏帶慶洽充閭謹以酒果用申虔告尙饗

舊譜序一

徐氏家譜序

譜之傳信亦以存疑家有譜猶國有史也家無譜而先祖之諱墓支派不得而詳是譜之修誠人人之急務也吾先祖諱伯儀相傳舊籍登州府黃縣西鄉村名館上於明隆慶時遷萊州府昌邑城北濰河西畔石灣店自始迄今計之十二世矣居石灣店者千有餘家散居異處者亦不知凡幾世遠年湮宗譜失守高曾祖諱雖約略可誌而支派不能詳也所得聞知者惟五世六世以下耳其遷而之他者支派半多無考信自何傳而疑自何解是蓋前人疎失其譜以故後人迷其世系也雖欲修譜亦何術而修哉熟思而

爲之計謹將先世約略可誌者總書於前以存疑其同出六世太

高祖 諱 鉢者分譜於後以傳信雖不明於六世之上猶得清晰於

六世之下惟願世世守之則幸甚

大清乾隆肆拾壹年歲次丙申孟春

十一世孫　鵬程謹誌

舊譜序二

重修支譜序

蓋聞萬物本乎天而人本乎祖雖傳之既久派別支分未常無親疏之判而因流以溯源即末以究本子孫之繩繩無異瓜瓞之緜緜一脈之傳何容昧也吾族自黄邑遷居於茲世遠年湮伯儀始祖以下四世己無可考而六世祖諱鉢以後相傳世次吾族伯諱鵬程公則勤有成編記載詳明迄今奕禩蕃衍而服屬之遠近昭穆之次序一展閲而瞭若指掌焉謂非吾族伯之佑啟者至歟夫前之人殫精畢慮以貽後人後之人不克繼述以副前人之意是上負祖宗之勤勞而下致後昆之迷惑也夫豈可哉吾聞是譜也

直捻匪辛酉八月之擾存野圩篋笥中後因野圩難以固守紛紛逃避鵬程公之孫德恭避難在城於九月初十日望見西路火起知賊又近冒險獨歸取譜而回甫至城下賊已蜂擁而至矣凡野圩之存留者盡付兵火向非德恭不避艱險此譜幾何不爲灰燼耶迨至己卯之春德恭又以生齒日繁舊譜難盡登記也爰與其弟德順等重修而新之庶幾鵬程公開示後人之深心有所承而無替既成囑序於予予嘉襄事者俱有尊祖敬宗之義而德恭尤爲克繩其祖武云

光緒己卯三月二十一日

十二世孫　謙初謹識

卷四終

十三世孫　德恭 順 校訂

卷四終

跋

族之有譜所以重宗派聯孝思也吾族自三代以封受氏降自偃
王始大吾族歷周秦漢唐宋明代有聞人其後族姓蕃衍散處於
殊方者指不勝屈我
始遷祖伯儀公以下自三世至六世更以迭遭變亂家乘散佚祖
孫父子親疏莫考我　叔曾祖騐修公慨然憂之以爲士君子讀
書稽古對於已身之所自出者尙復畧焉不詳得無有數典忘祖
之譏乎於是修訂宗譜斷自遷曾之
伯儀公並以敦品勵行光大吾族爲勗勉詩云孝思不匱吾　叔
曾祖有焉然此不過僅紀其遷徙之畧而已世系則終未詳備也

我　叔祖敬宜公恒引以爲憾兹於宦遊之餘繼志述事賡續爲之發凡起例分列圖表另訂成書又復出地捐資建宗祠定祭禮附於書後分授族人使皆知祖宗之積德累仁以有今日願吾族人世世敬守庶春霜秋露死有祭而生有聚用期相愛相睦而篤於一本之親不獨祖宗在天之靈常得所憑依而後世子孫亦有所矜式吾　叔曾祖與吾　叔祖有功於吾族也大矣鑾也不文謹贅數言用誌不朽

十七世孫徐鑄鑾謹跋

校勘記

卷一

第一頁(目錄)背三行徙悞徒第七行宇悞字　第二頁背一行第二字本悞根　第四頁九行第二十四字左悞佐　第五頁四行第十五字嗚悞鳴　第八頁四行第十字列悞例　第十三頁背四行第三字是悞世　第十六頁背五行第十五字伐悞代　第十七頁第一行王大夫悞大夫王第五行五字大悞太　第十九頁背第四行第四字大悞太　第二十一頁第六行第一字嫘悞螺

卷二

第三頁背三行砝悞法　第四頁第二行燦悞燦　第五頁背一行三行苓均悞芩　第十二頁第五格九行砝下少子字　第二十八頁四行配悞鑄　第三十頁三行第四行璧悞辟四行第二字岱悞岱

卷三

第二頁第四行十四字功悞公第九行十三字苓悞令背三行第二字九行第四字齡悞令七行第二字苓悞令　第三頁背八行第二字壬悞寅　第四頁三行第十八字壬悞寅背五行第十五字楝悞楝　第十頁背八行十二字琳悞闡　第十三頁橫第三行十五悞十三

卷四

第十三頁八行第廿四字占悞古　十八頁背二行備下遺道字　第二十三頁六行第九字六悞四　第四十頁六行第二十三字族悞祖　跋背第七行謹下遺贊字

卷三第二頁四行十四字功悞公　第十一頁背八行琳悞闡
卷四第十三行占悞古　第二十三頁六行第九字六悞四